普通高等教育“十一五”国家级规划教材
普通高等教育工业设计专业系列教材

现代设计图学基础训练

第3版

聂桂平　编著

机　械　工　业　出　版　社

本书与聂桂平编写的《现代设计图学》(第3版) 配套使用。其主要内容包括制图基本规定、图样画法与尺寸注法、轴测图、零件图与装配图、建筑施工图、室内设计施工图、展开图、焊接图、透视图和 AutoCAD 绘图。

本书可作为大学本科工业设计专业、环境设计及相关专业、非机械类各专业的教材，也可供高职高专、职大、电大、业大等相关专业的师生和工程技术人员参考。

图书在版编目（CIP）数据

现代设计图学基础训练/聂桂平编著．—3版．—北京：机械工业出版社，2011.2 (2023.6重印)

普通高等教育“十一五”国家级规划教材　普通高等教育工业设计专业系列教材

ISBN 978-7-111-32695-3

Ⅰ.①现…　Ⅱ.①聂…　Ⅲ.①工程制图—高等学校—教学参考资料　Ⅳ.①TB23

中国版本图书馆 CIP 数据核字（2010）第 243864 号

机械工业出版社（北京市百万庄大街22号　邮政编码100037）

策划编辑：刘小慧　责任编辑：刘小慧　王勇哲　邓海平

责任校对：张晓蓉　封面设计：池剑文　责任印制：李　昂

北京捷迅佳彩印刷有限公司印刷

2023年6月第3版第7次印刷

285mm×210mm · 6.75印张 · 242千字

标准书号：ISBN 978-7-111-32695-3

定价：16.00元

电话服务	网络服务
客服电话：010-88361066	机　工　官　网：www.cmpbook.com
010-88379833	机　工　官　博：weibo.com/cmp1952
010-68326294	金　　书　　网：www.golden-book.com
封底无防伪标均为盗版	机工教育服务网：www.cmpedu.com

前　言

本书与聂桂平编写的《现代设计图学》（第3版）的配套使用。其内容包括制图基本规定、图样画法与尺寸注法、轴测图、零件图与装配图、建筑施工图、室内设计施工图、展开图、焊接图、透视图和AutoCAD图。

本书有以下特点：

1. 围绕相关的图学基本理论命题，精选题型，力求通过训练使学生加深对各知识点的掌握和理解，立足于基础训练。

2. 与传统制图习题集不同，本书增加了与工业设计专业相关的图学内容，对产品设计、建筑装潢及轻工等相关专业用书起到了补缺作用。

3. 命题尽量注重与生产及设计实践相结合，以利于学以致用。

4. 采用了我国现行的《技术制图》国家标准以及《房屋建筑制图统一标准》。

5. 习题的难度有一定的层次和余量，教师可根据专业需要适当取舍。

由于作者水平有限，书中难免存在疏漏与不足，恳请读者指正。

聂桂平

目　　录

线型

1. 按示范图线完成图中各图线。

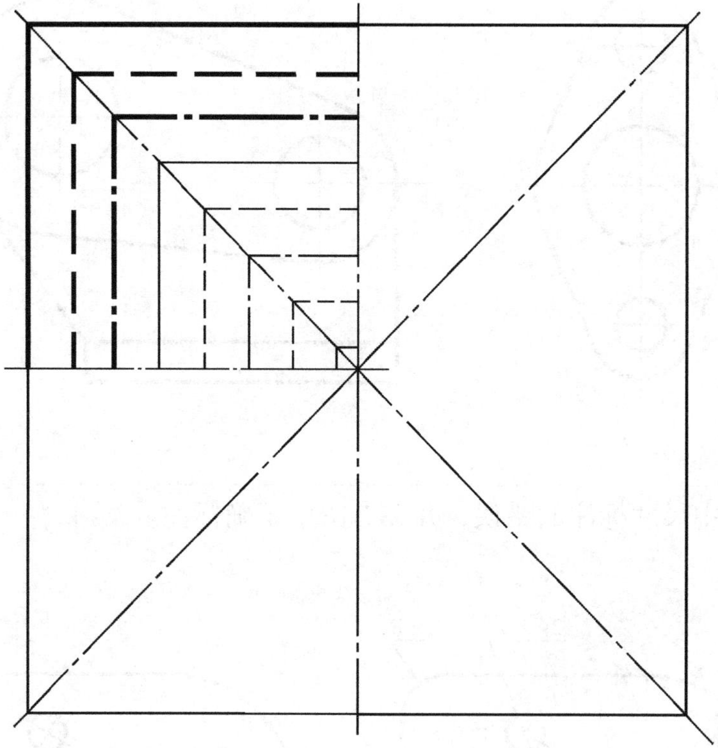

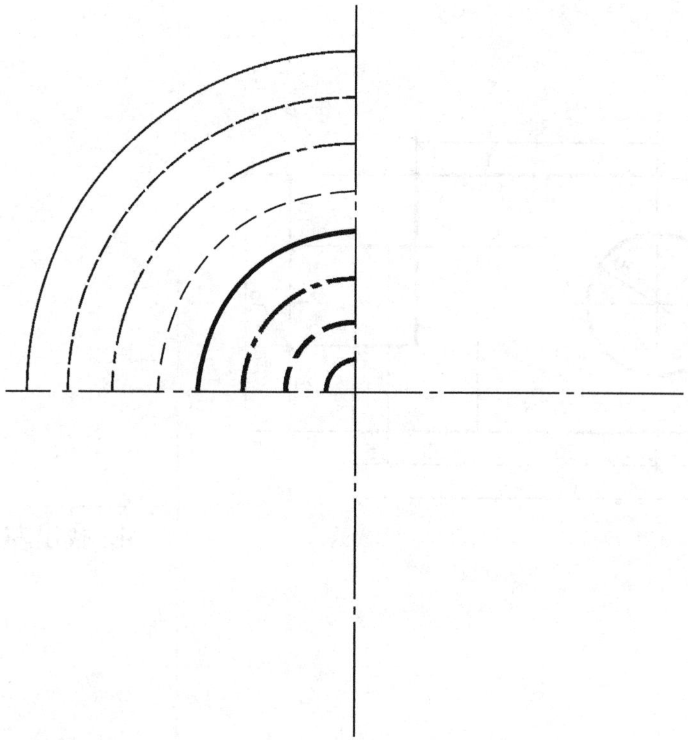

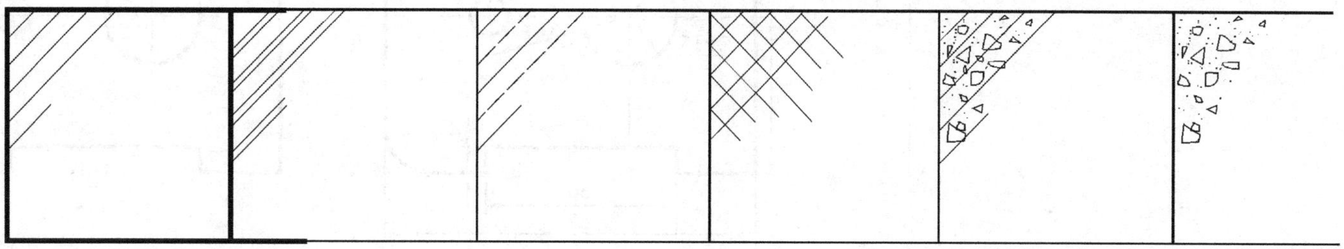

尺寸注法

2. 找出图中尺寸标注的错误，在其下方重新抄画平面图形并标注尺寸。

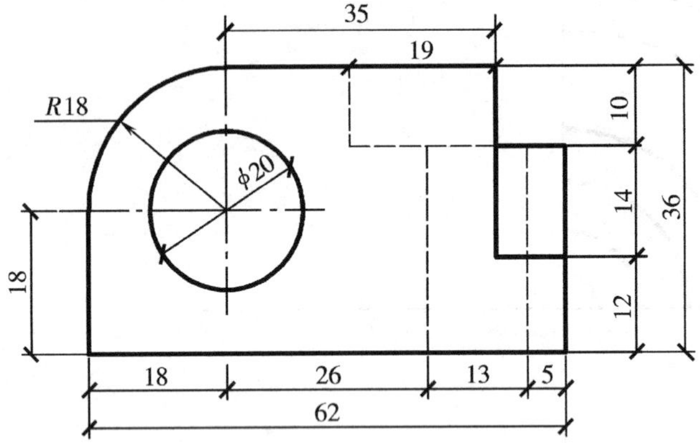

3. 分析下列平面图形并标注尺寸。

（1）

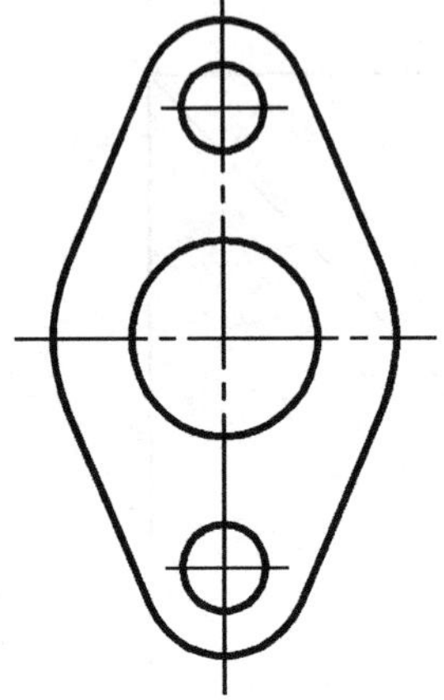

（2）

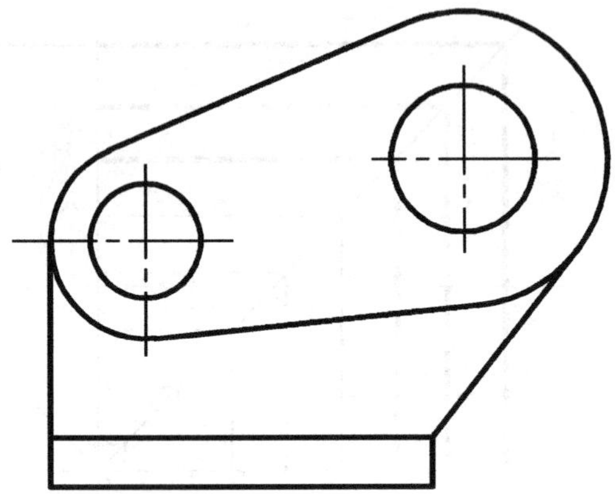

4. 找出左图中尺寸标注的错误，并在右图中正确标注。

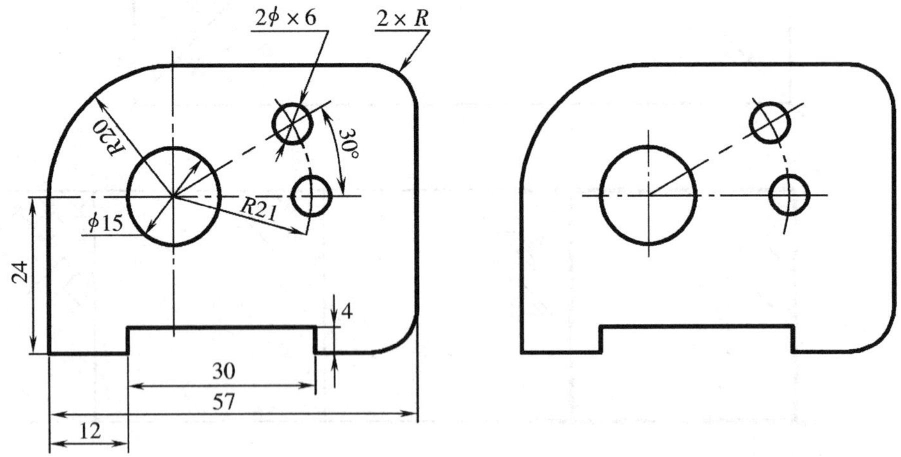

班级　　　　姓名

5. 在 A4 图纸上按要求的比例画出图形并标注尺寸。

（1）1:2

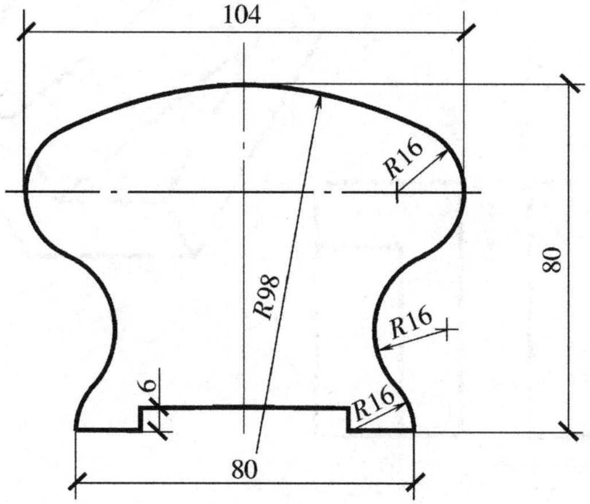

（2）1:3

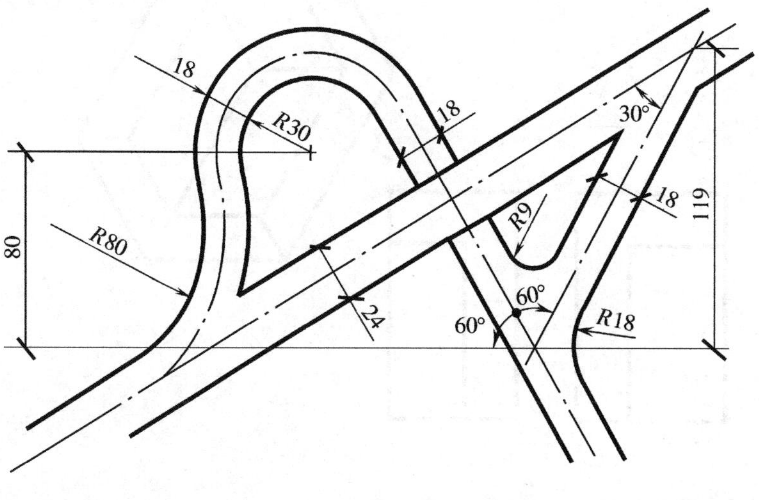

6. 在 A3 图纸上用 1:1 的比例画出图形并标注尺寸。

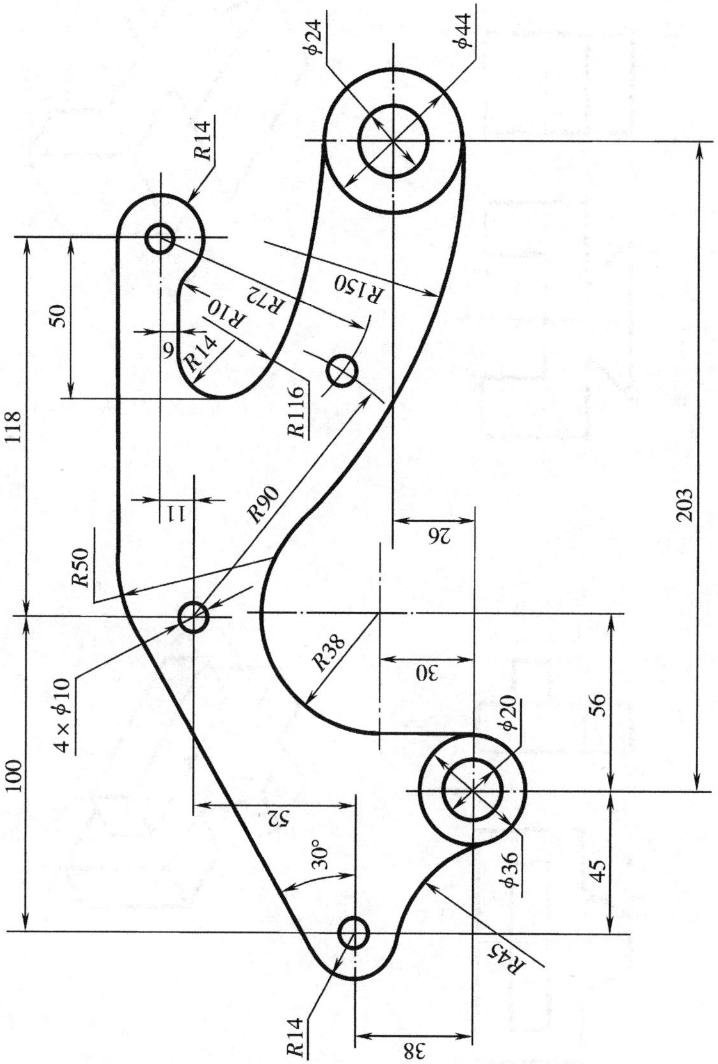

班级　　　　姓名

7. 根据物体的立体图补画俯视图，并在三个视图上标出指定各点的投影。

(1)

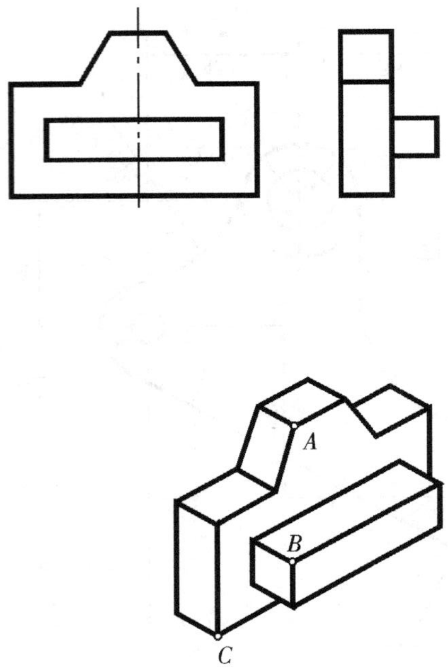

(2)

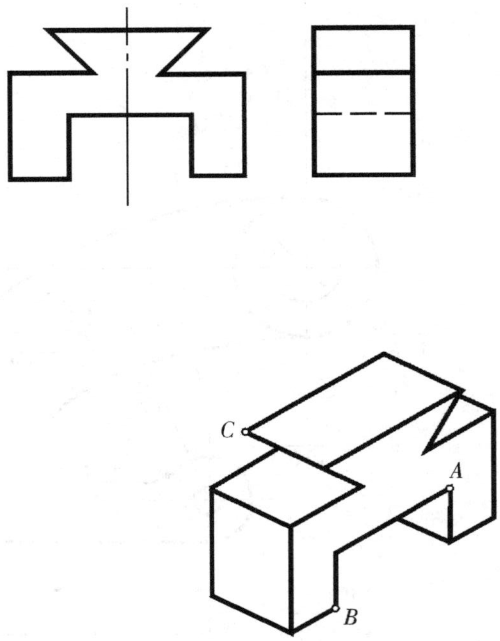

8. 根据物体的立体图补画第三视图。

(1)

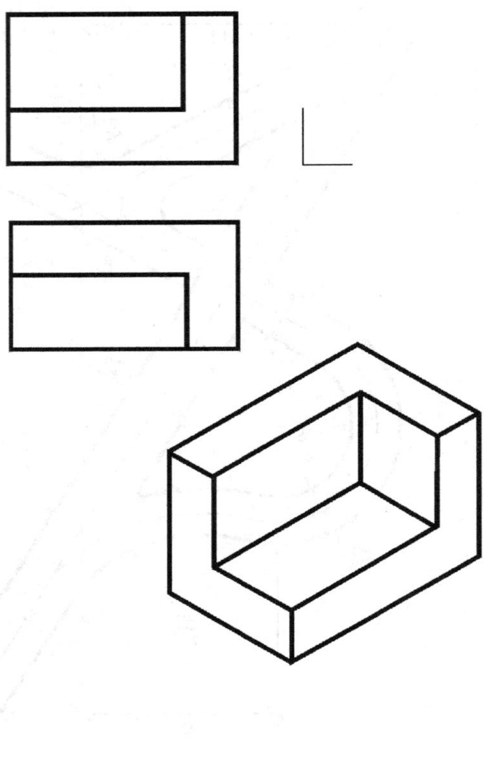

(2)

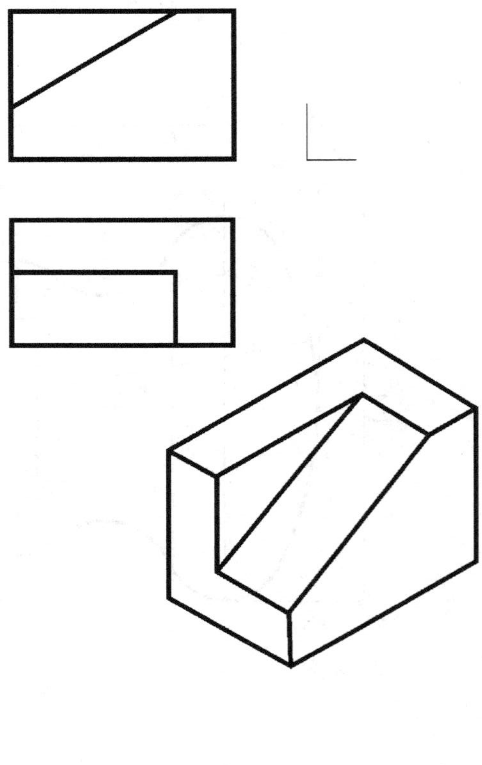

班级　　姓名

9. 根据物体的立体图和两视图补画第三视图。

(1)

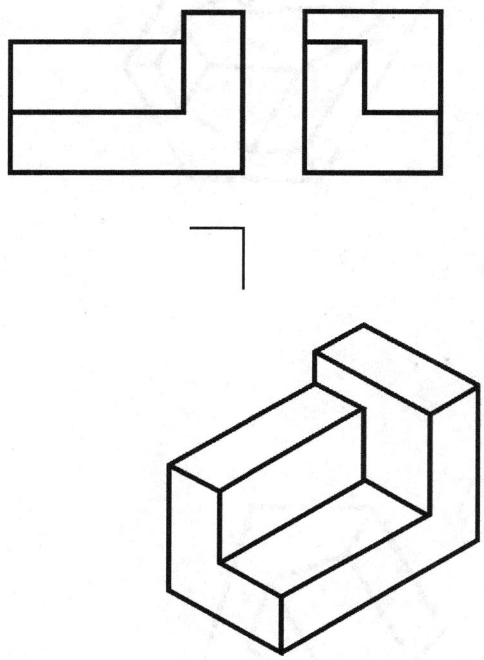

(2)

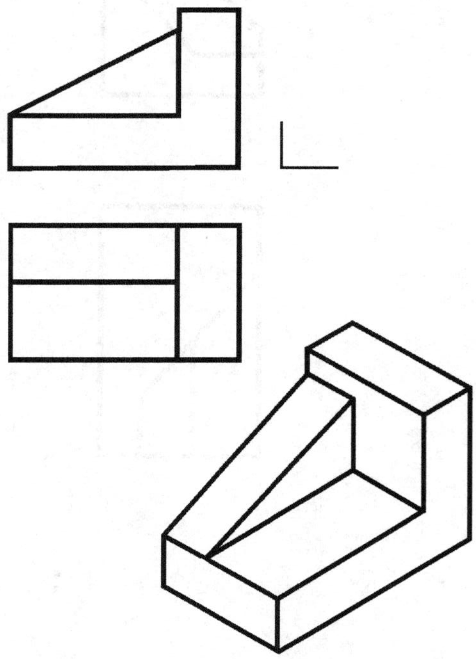

10. 根据物体的两视图补画第三视图。

(1)

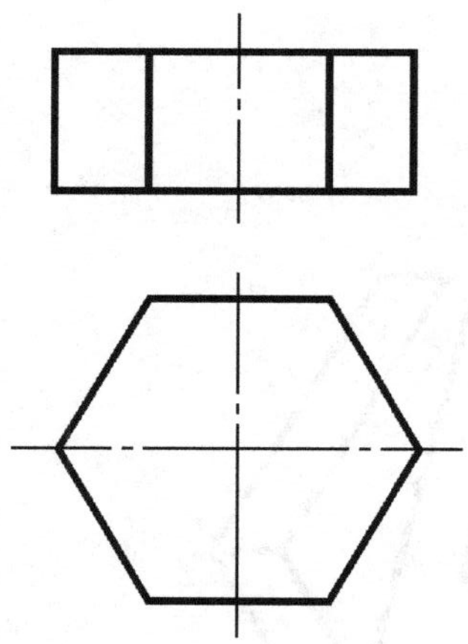

(2)

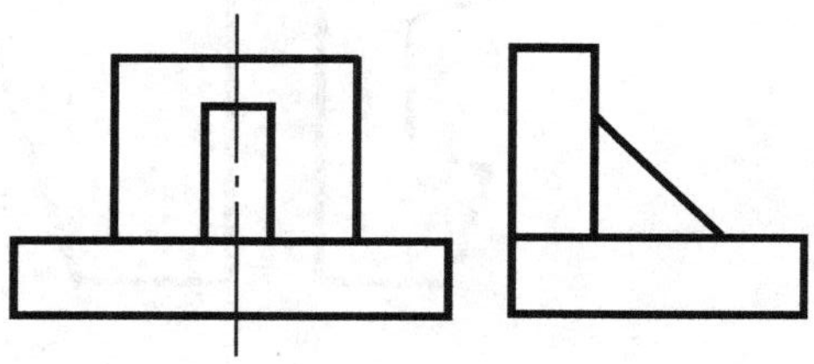

11. 根据立体图完成物体的三视图。

(1)

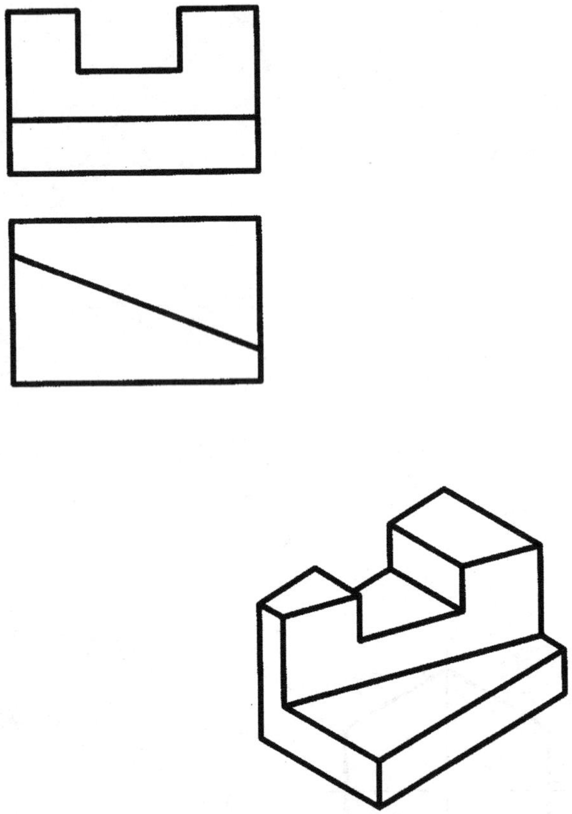

(2)

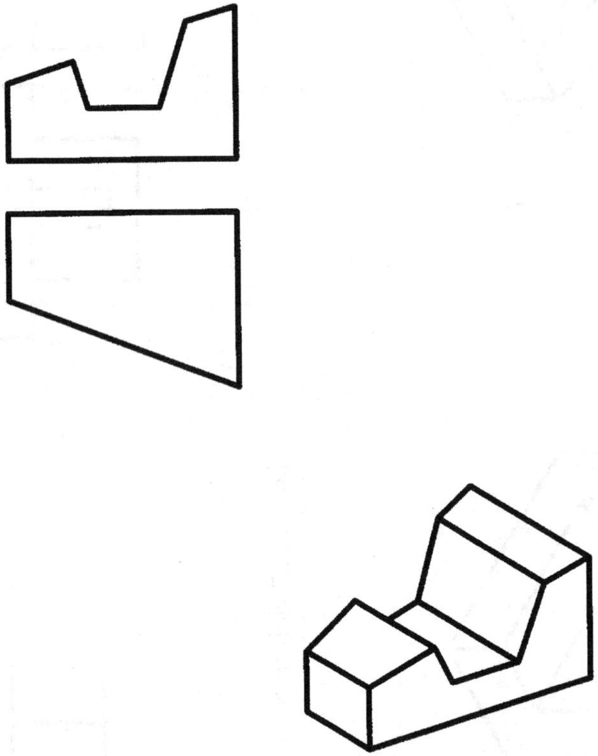

(3)

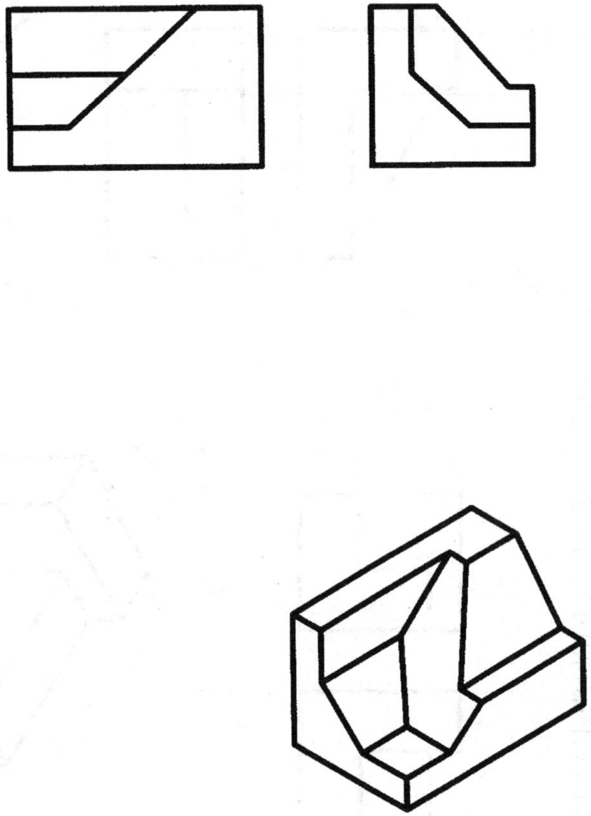

12. 根据立体图完成物体的三视图。

（1）

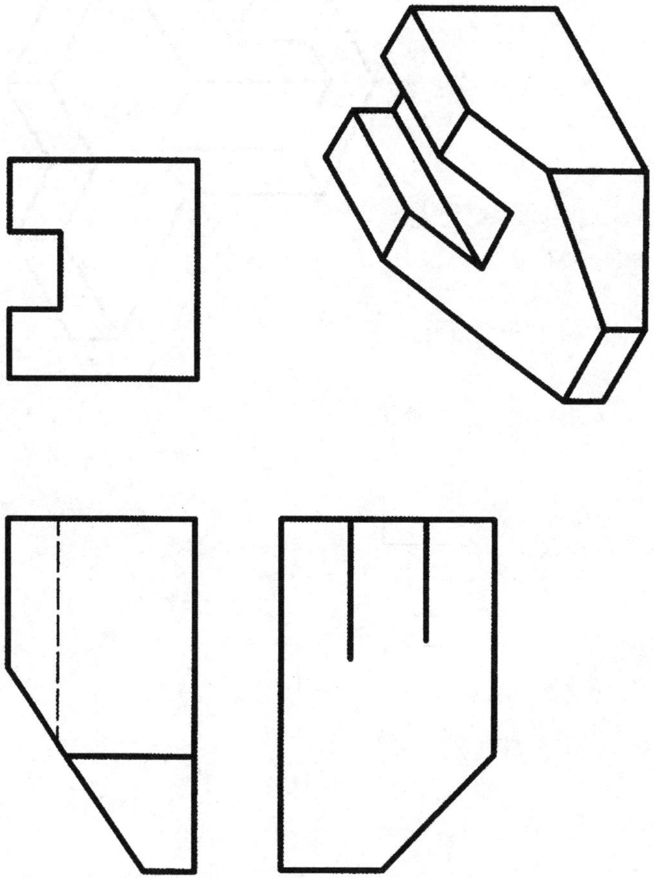

（2）

13. 根据物体的立体图和已知视图画全三视图（尺寸由立体图量取）。

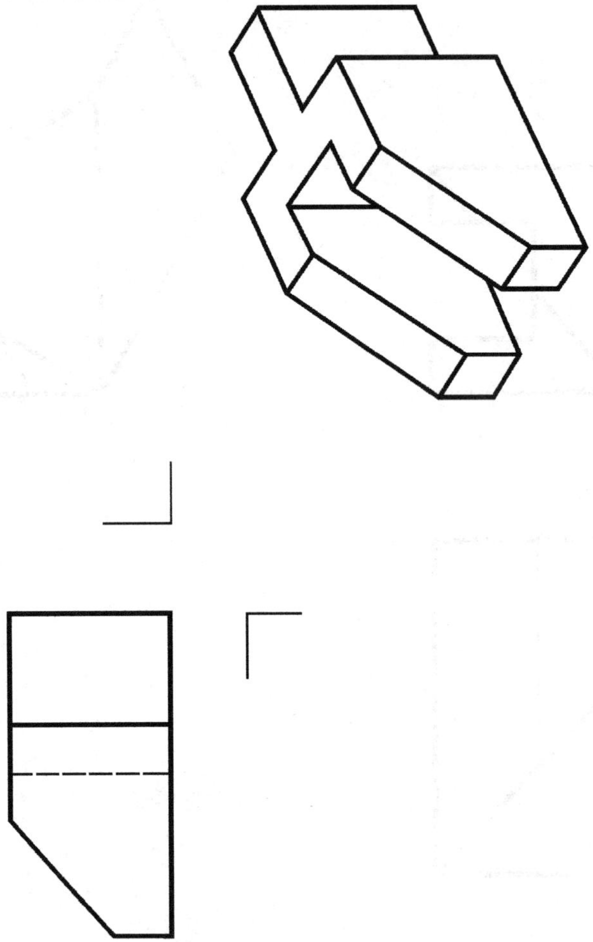

14. 根据物体的立体图画出三视图（尺寸由立体图量取）。

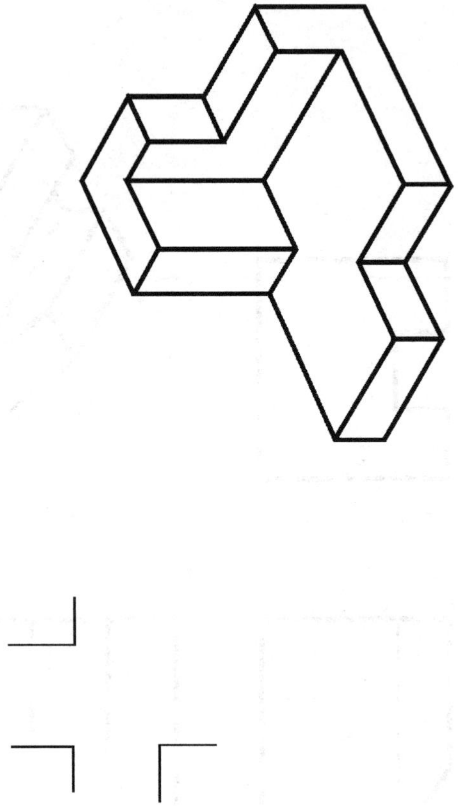

班级 姓名

15. 由已知两视图求画第三视图。

（1）

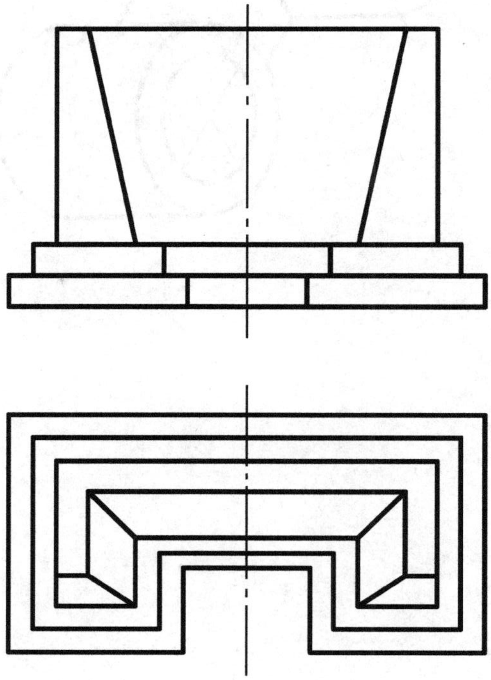

（2）

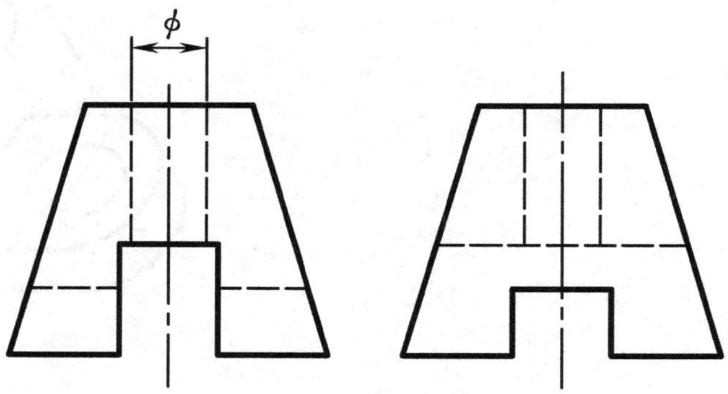

16. 根据物体的立体图画出三视图（尺寸由立体图量取）。

(1)

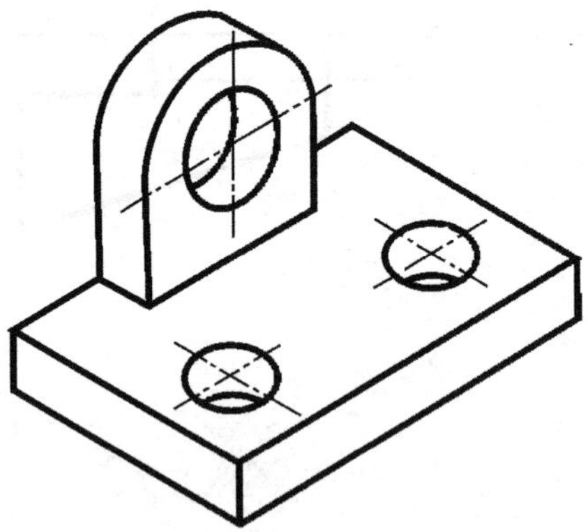

(2)

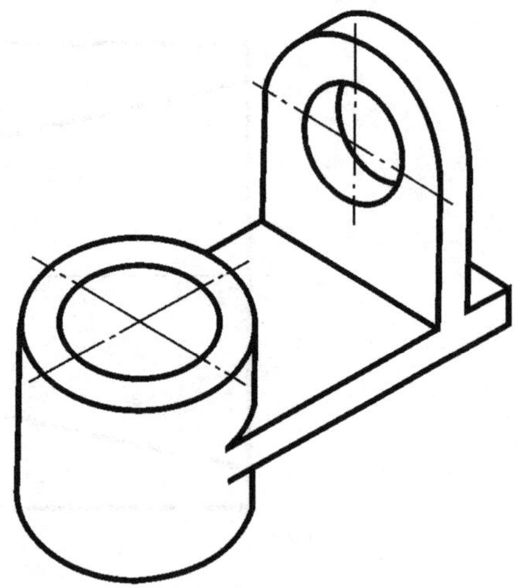

由立体图画三视图

17. 根据物体的立体图画出三视图（尺寸由立体图量取）。

（1）

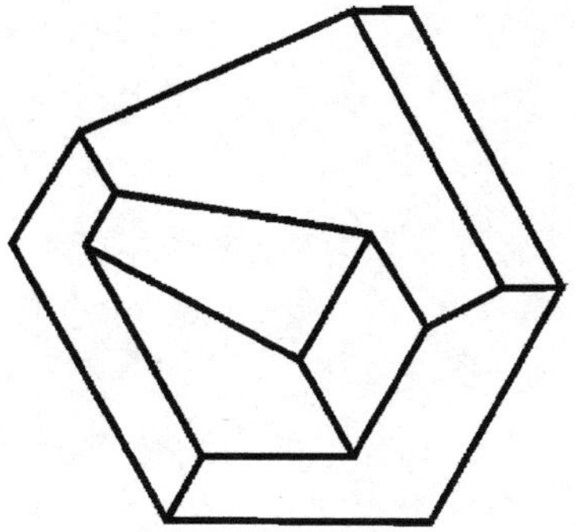

（2）

18. 根据物体的立体图及所注尺寸按 1:1 的比例画出三视图。

（1）

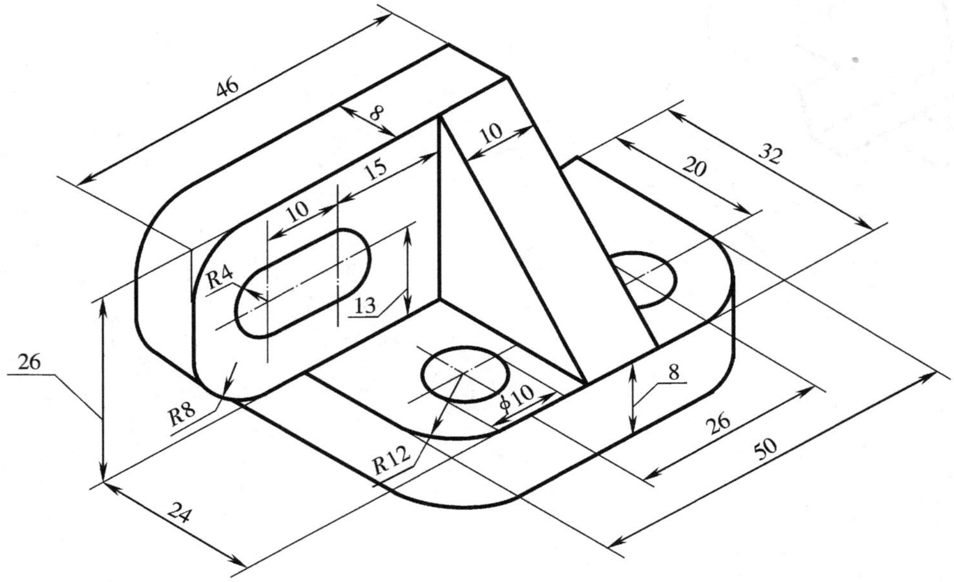

（2）

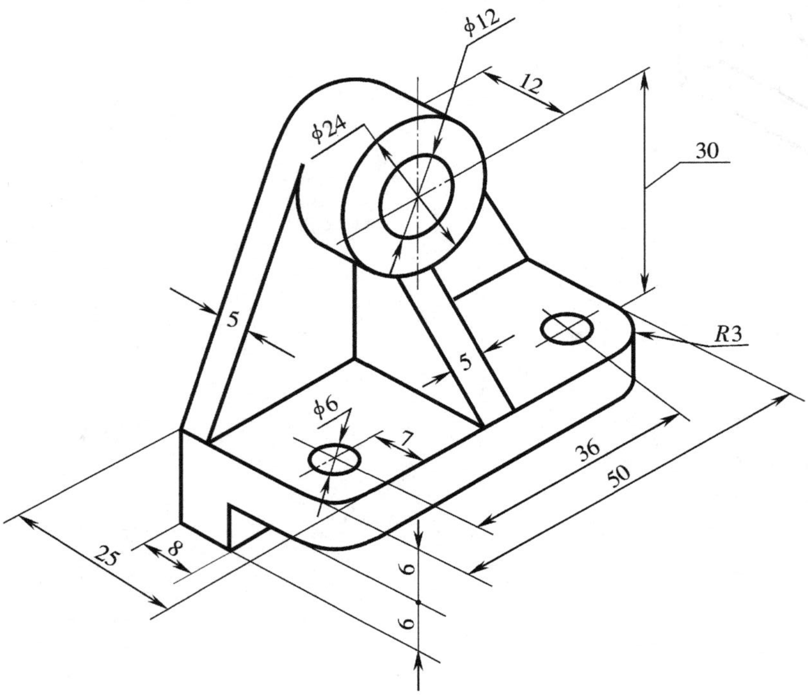

由立体图画三视图

班级　　　　姓名

由立体图画三视图

班级　　姓名

19．分析物体的视图并补画视图中遗漏的图线。

（1）

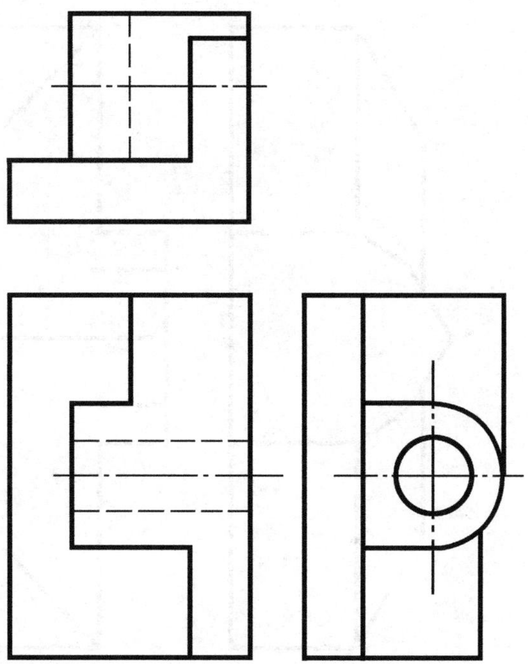

（2）

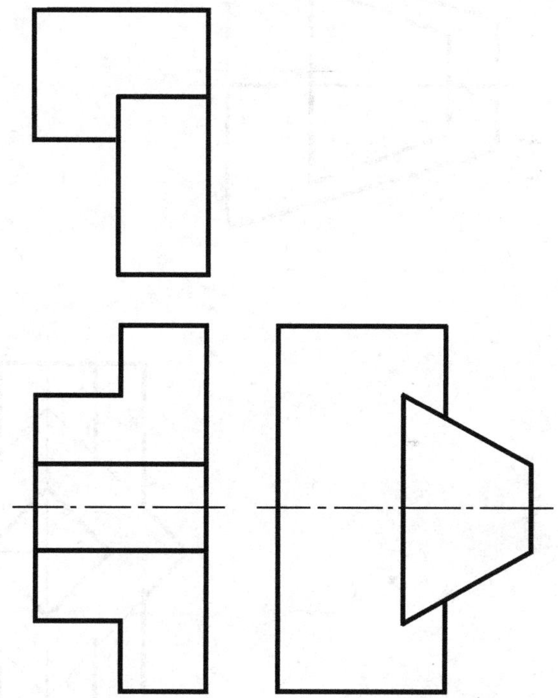

20. 作四棱柱与四棱台的交线，补画物体的主、俯视图。

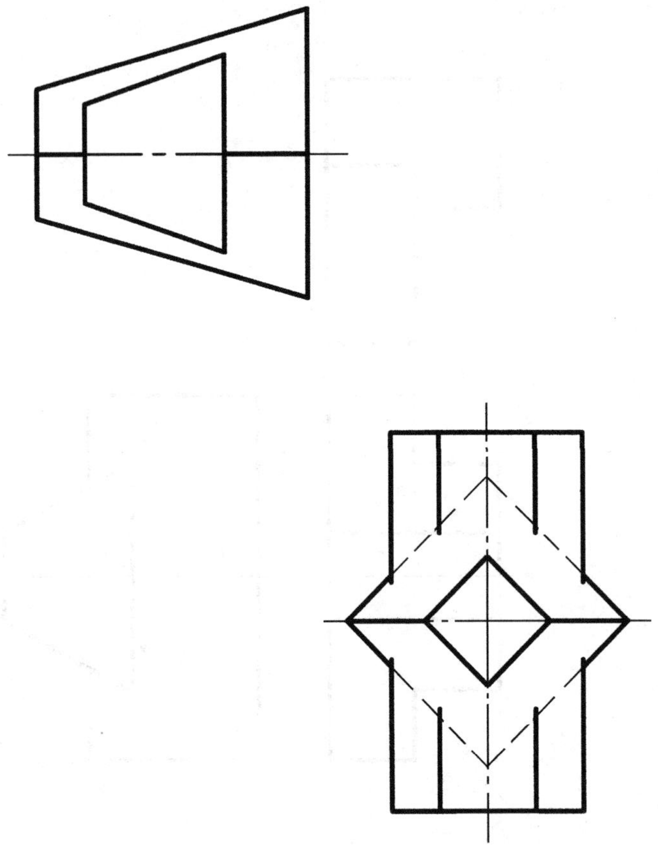

21. 补全房屋轮廓模型的水平投影。

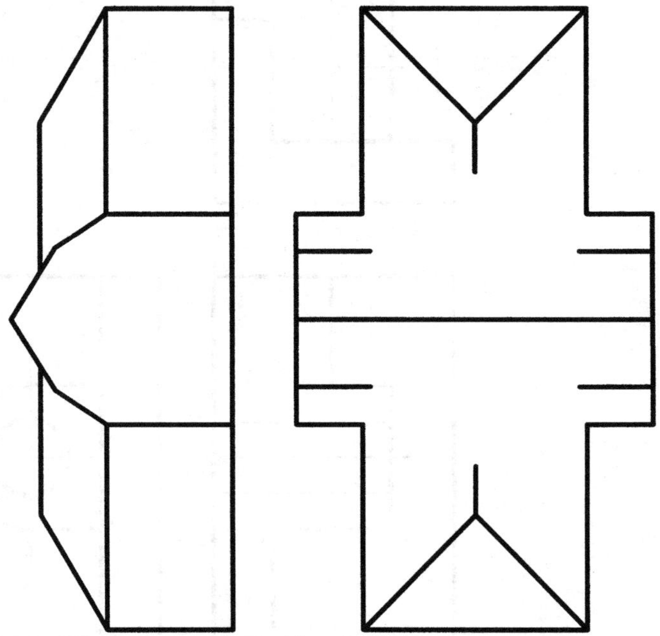

班级 姓名

22. 分析物体的表面交线并画全三视图。

（1）

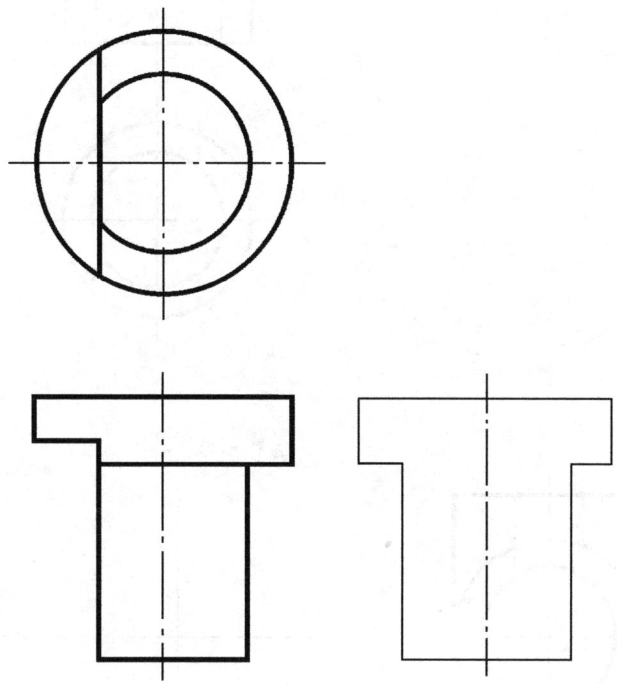

（2）

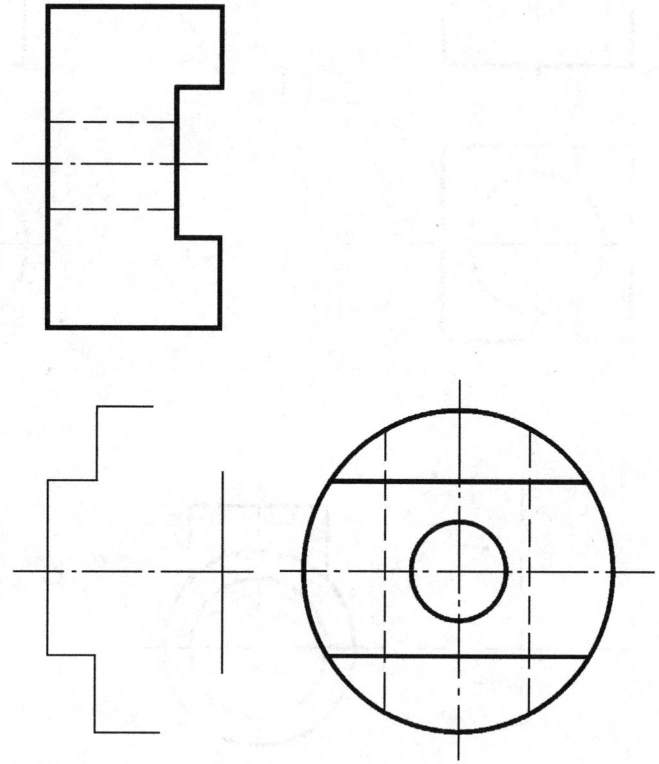

23. 由已知两视图求画第三视图，并比较各题交线的差别。

（1）

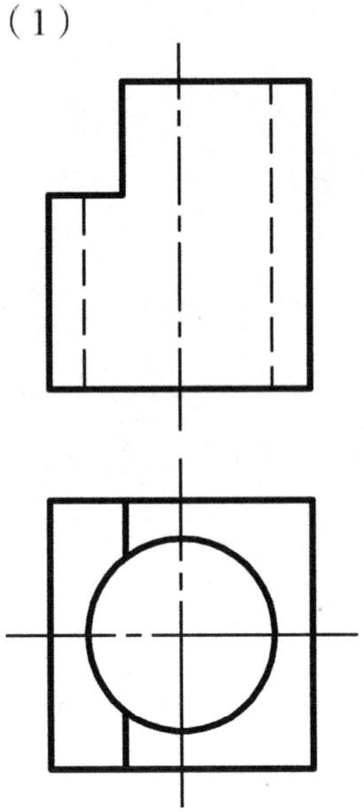

（2）

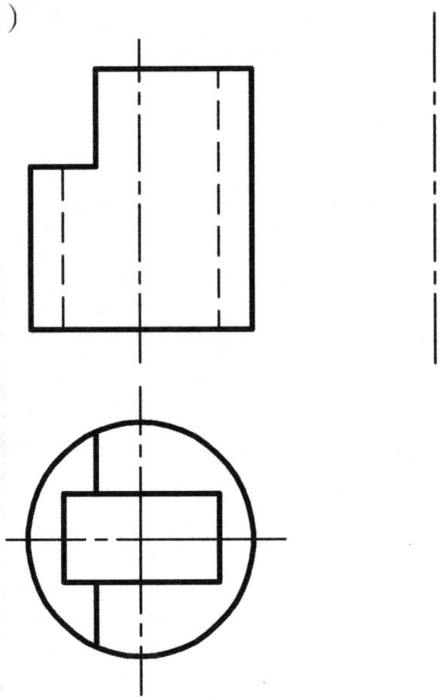

（3）

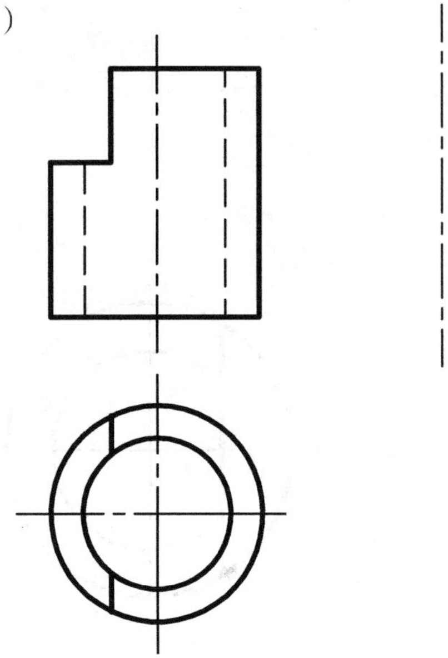

（4）

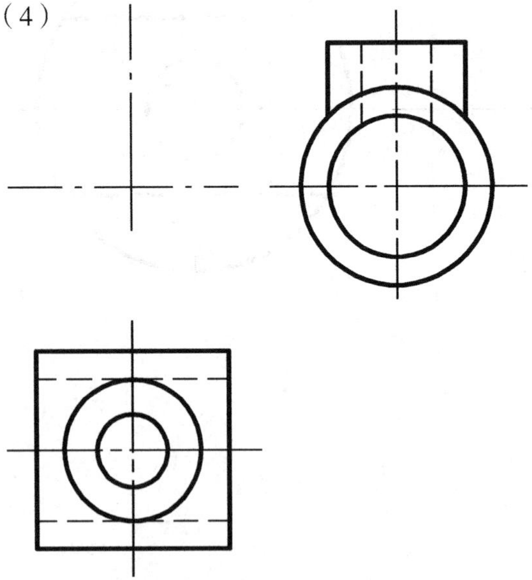

（5）

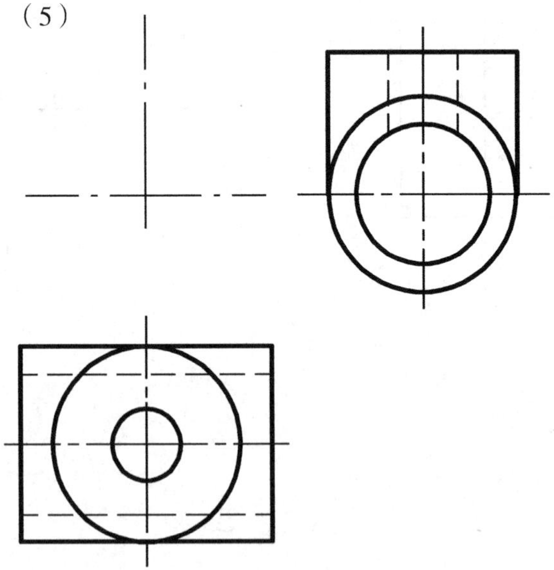

（6）

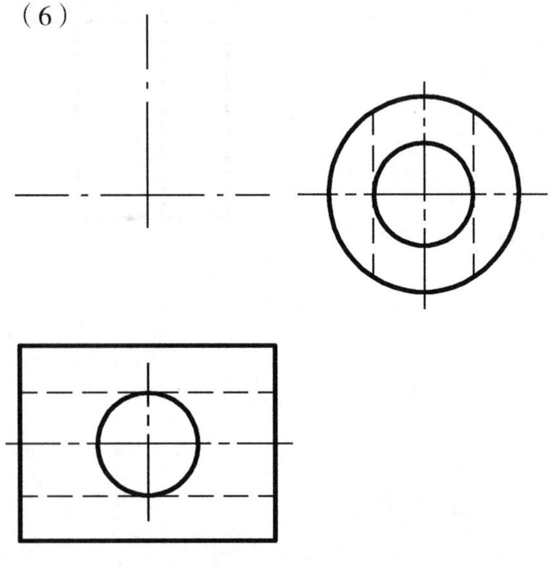

24．分析物体的表面交线并画全三视图。

（1）

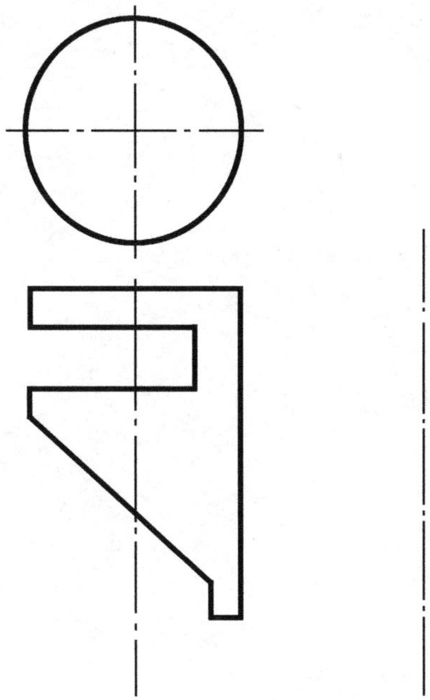

（2）

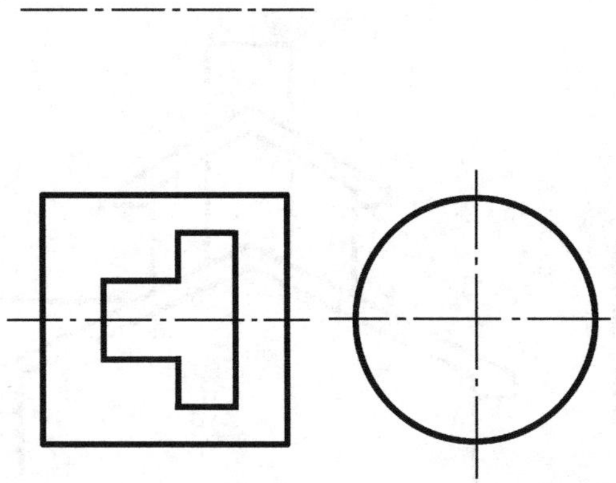

25．补画第三视图，并比较两题中的差别。

（1）

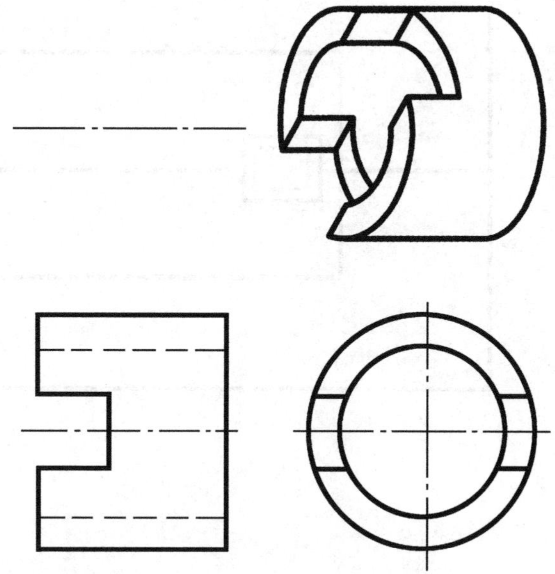

（2）

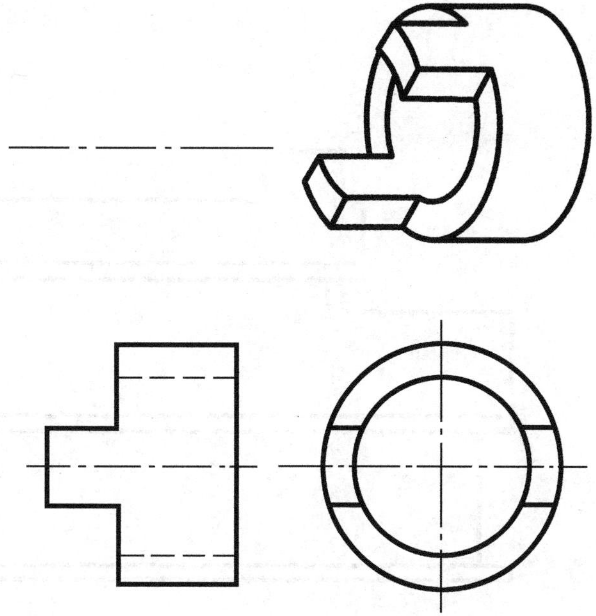

班级　　　　姓名

26. 补绘烟囱、天窗与斜屋面交线（只画可见轮廓线）的投影。

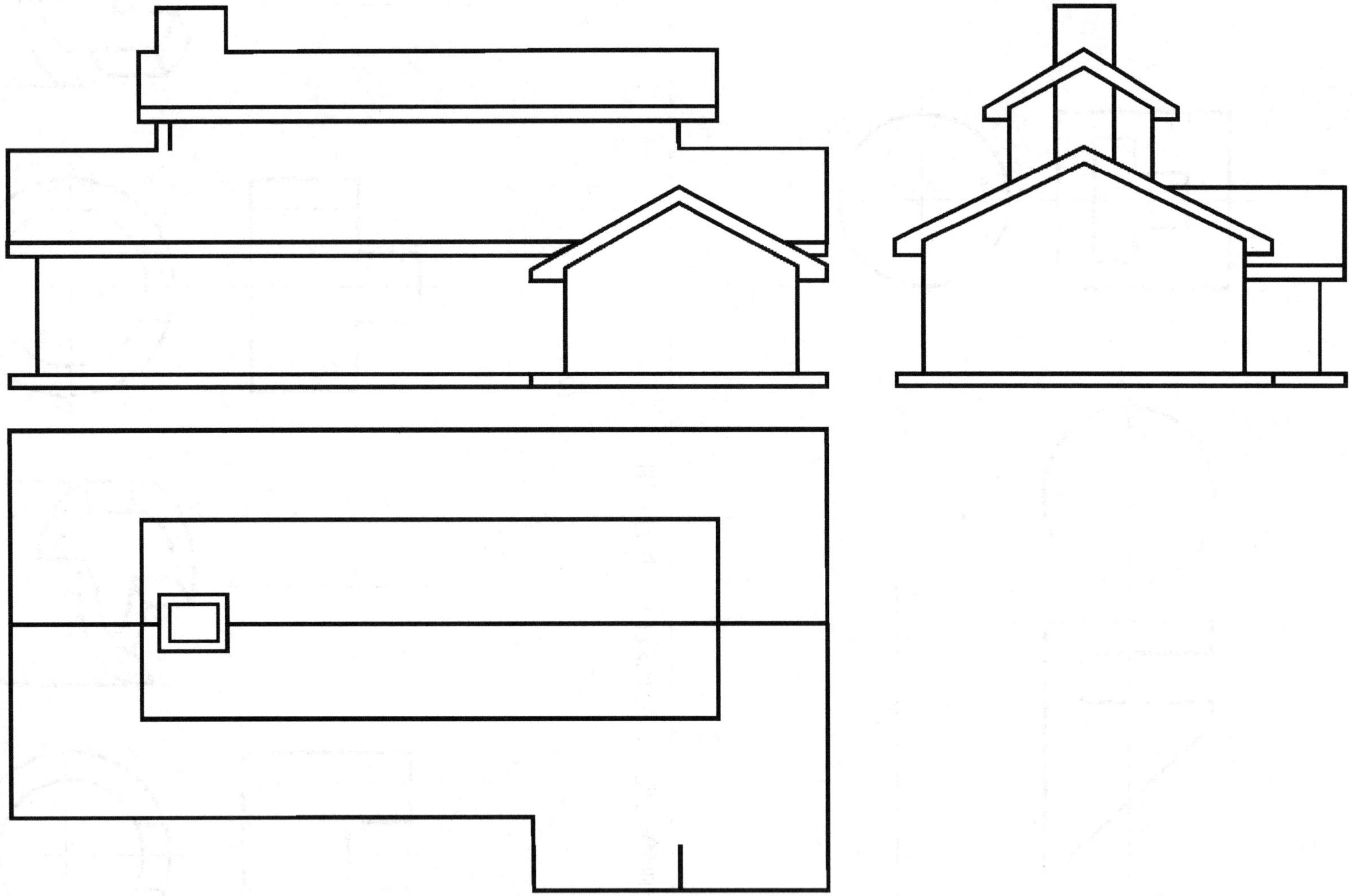

 班级 姓名

27. 补画物体表面交线的投影。

(1)

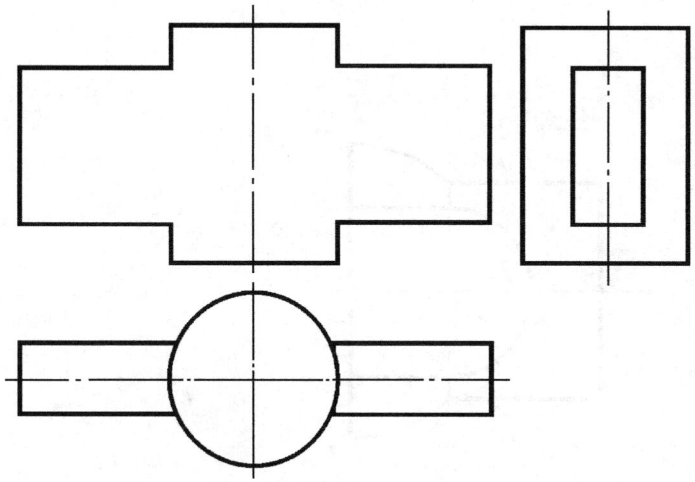

(2)

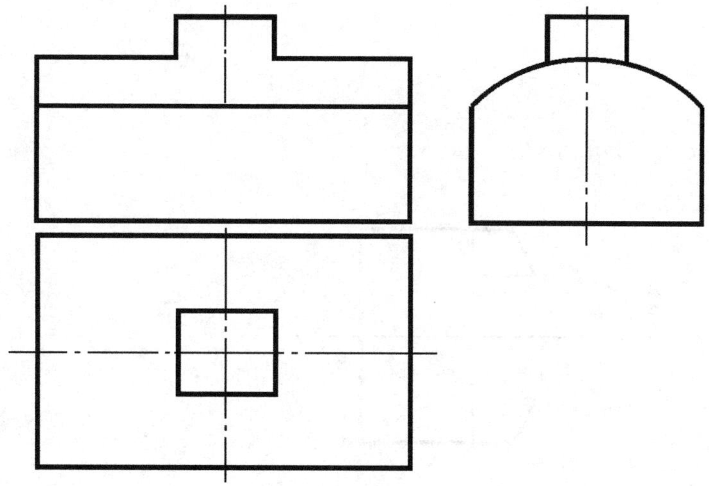

(3)

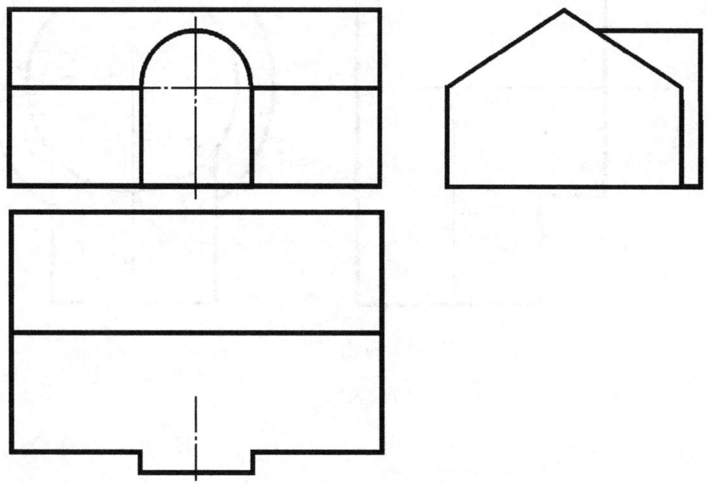

(4)

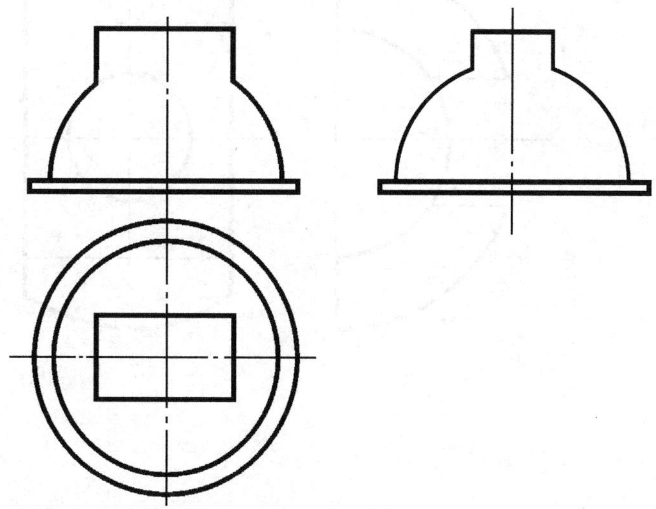

 班级 姓名

28. 分析物体的表面交线，并画全三视图。

（1）

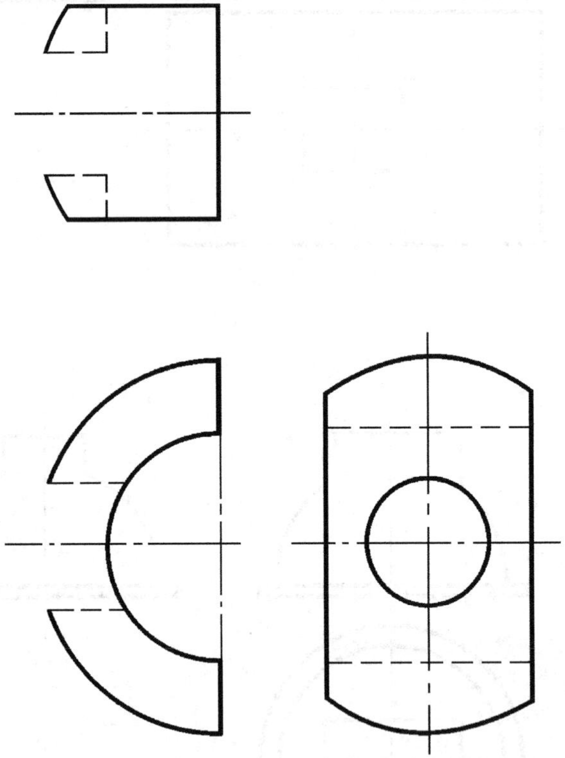

（2）

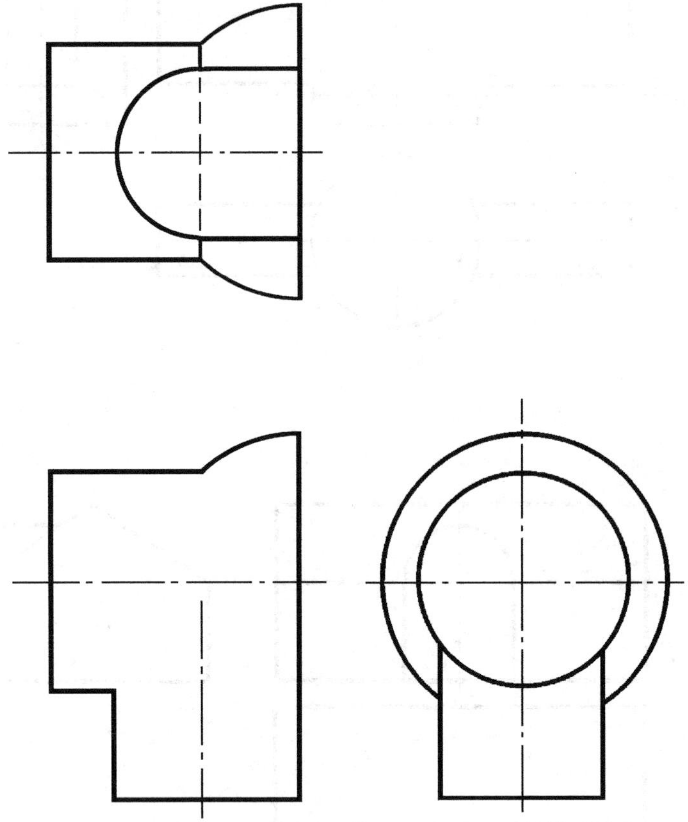

班级　　　　姓名

读图

29. 找出与立体图对应的三视图。

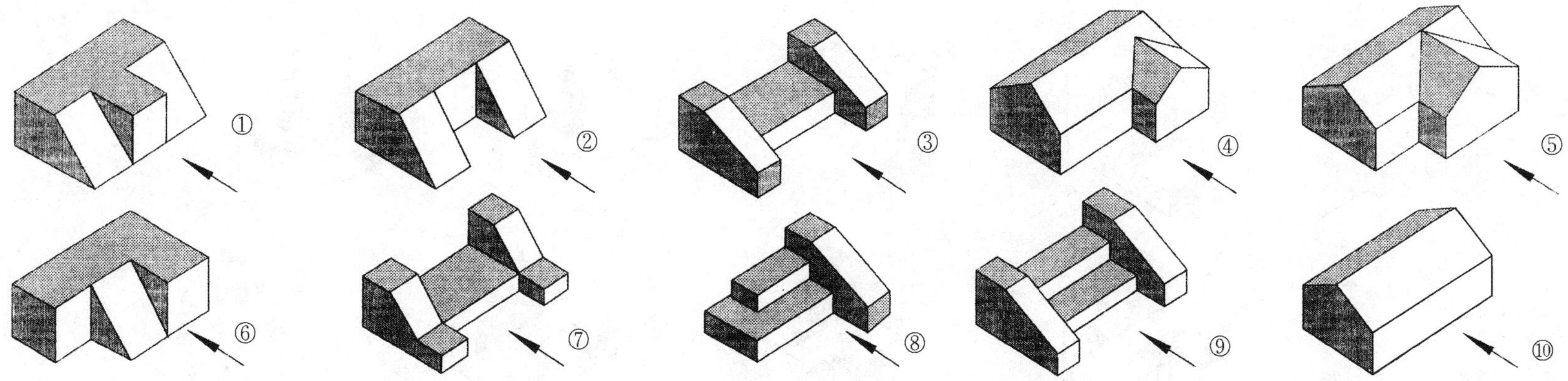

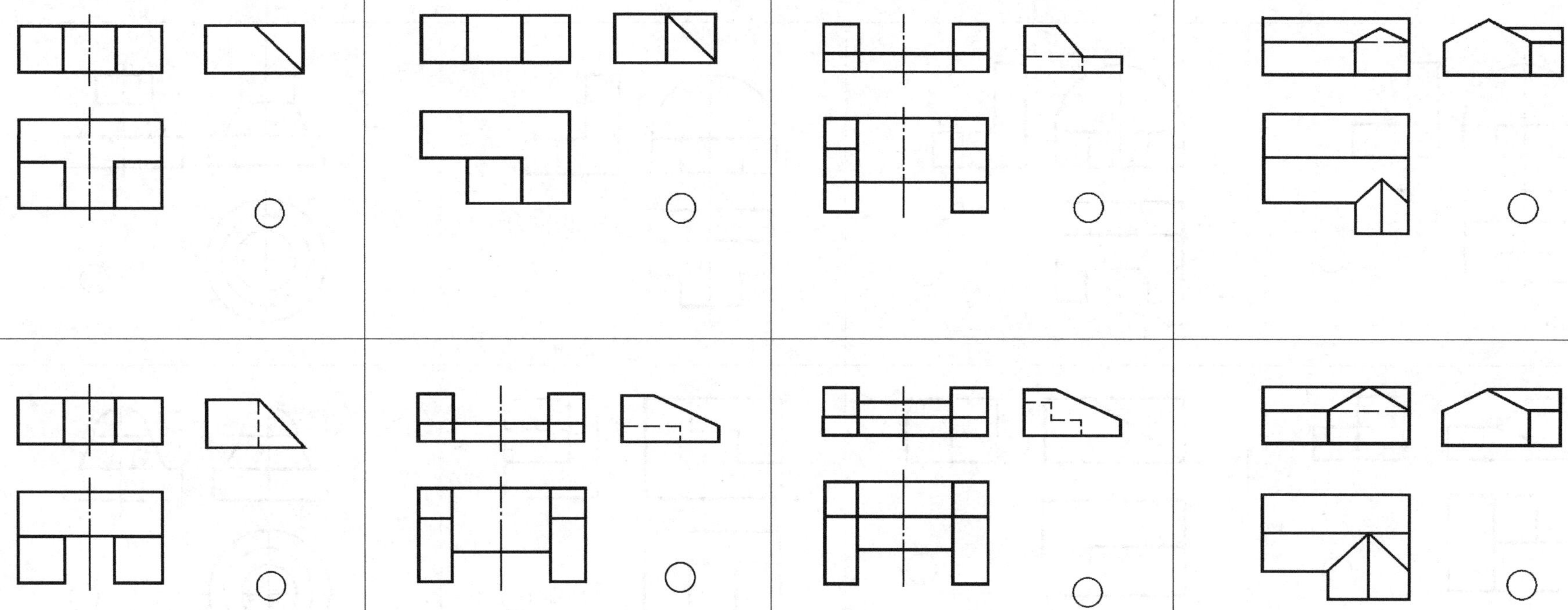

班级　　　　姓名

30. 找出与立体图对应的三视图。

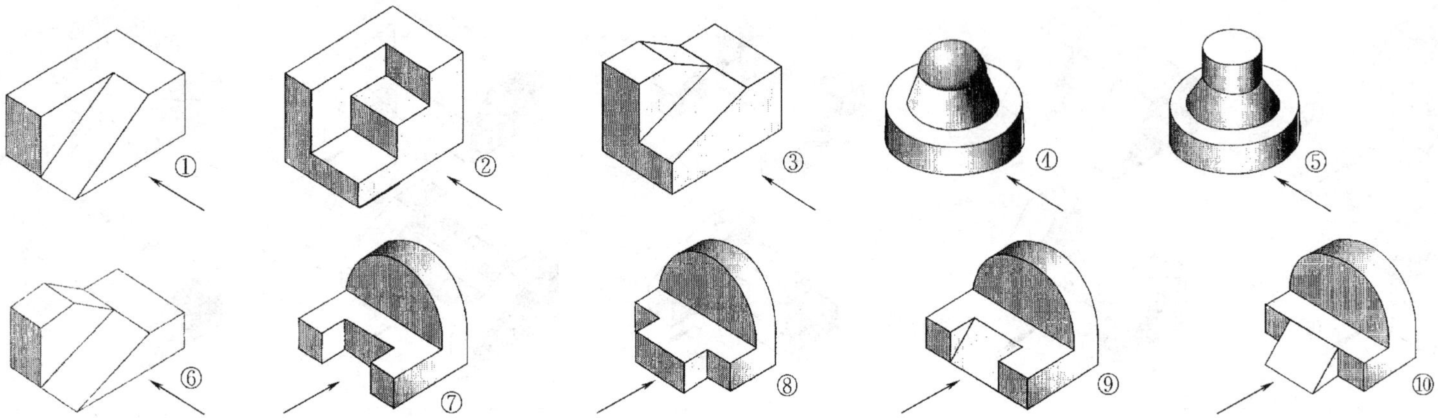

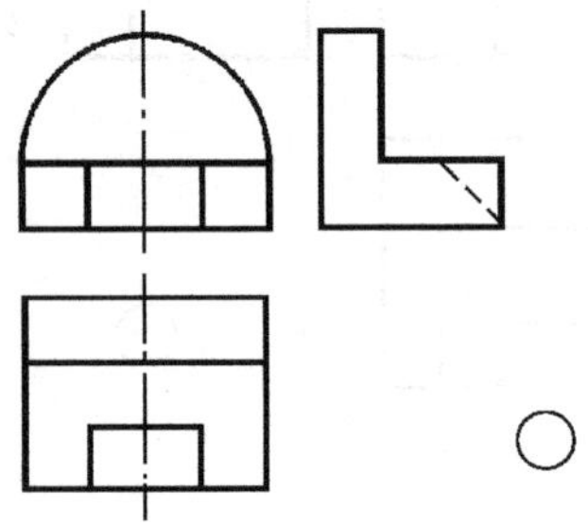

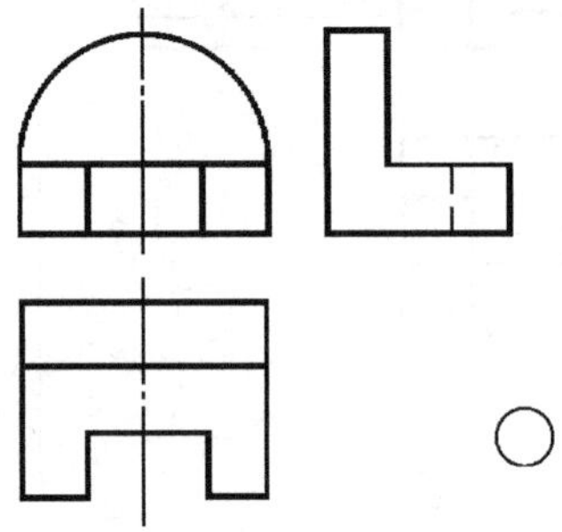

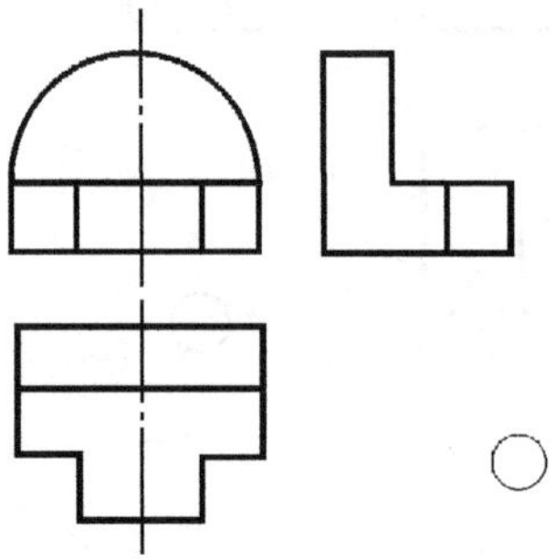

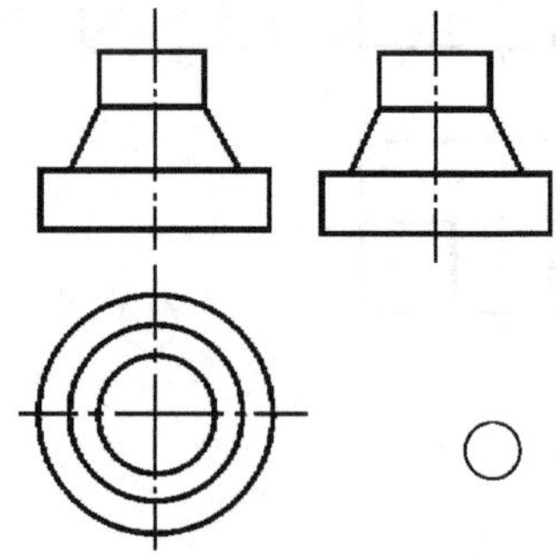

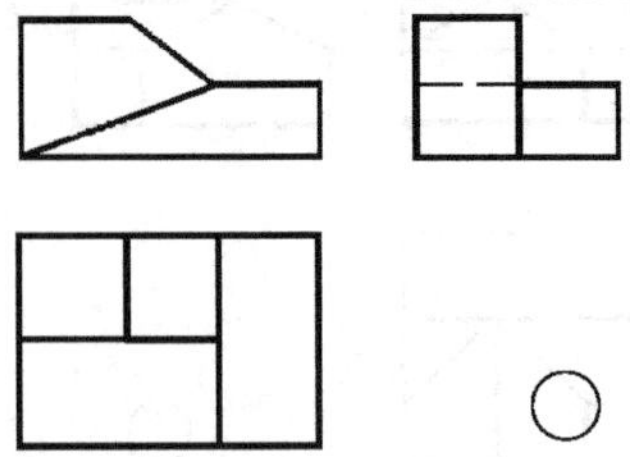

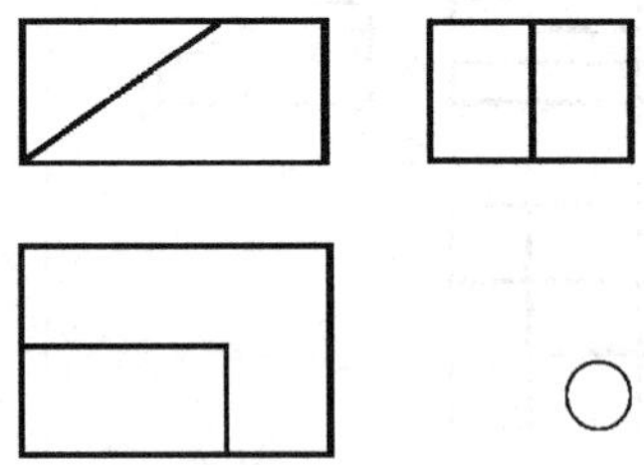

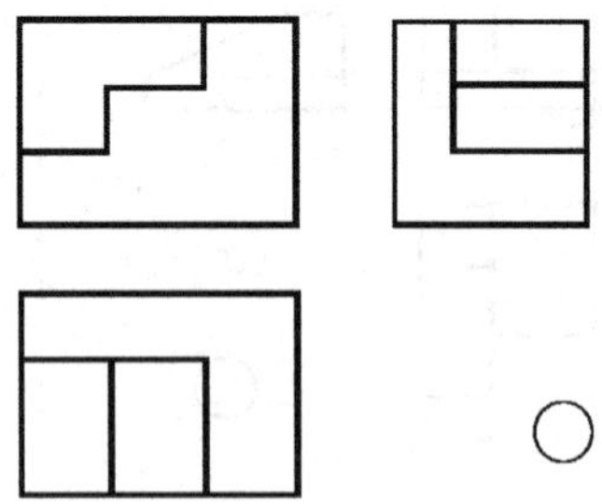

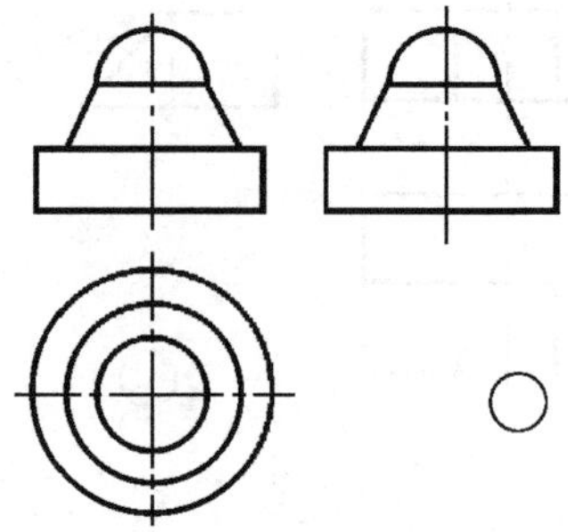

31. 根据已知的两视图想象出物体的形状，并画出第三视图。

（1）

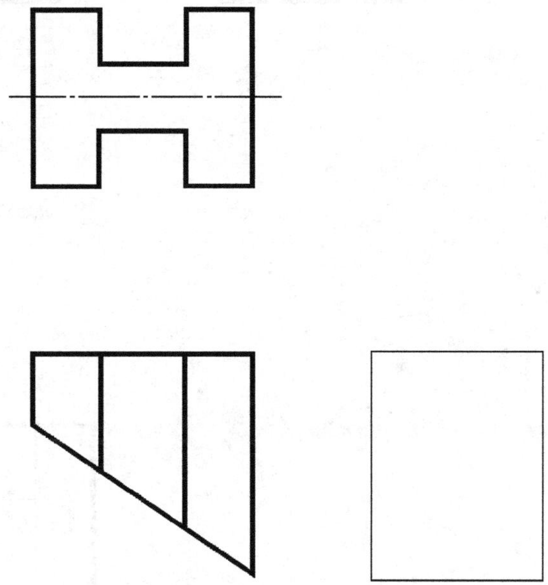

（2）

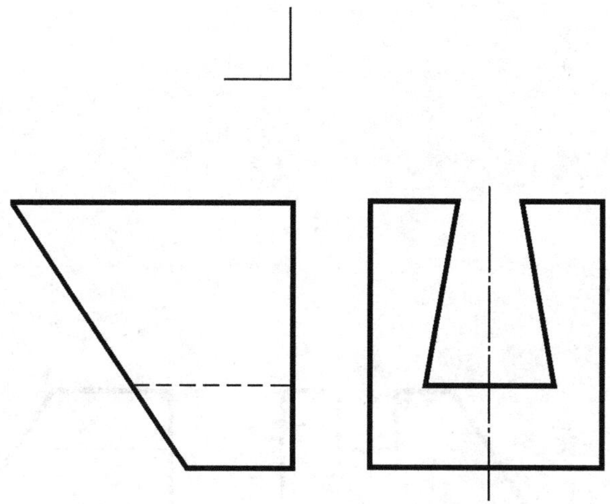

班级 姓名

32. 根据已知的两视图想象出物体的形状，并画出第三视图。

（1）

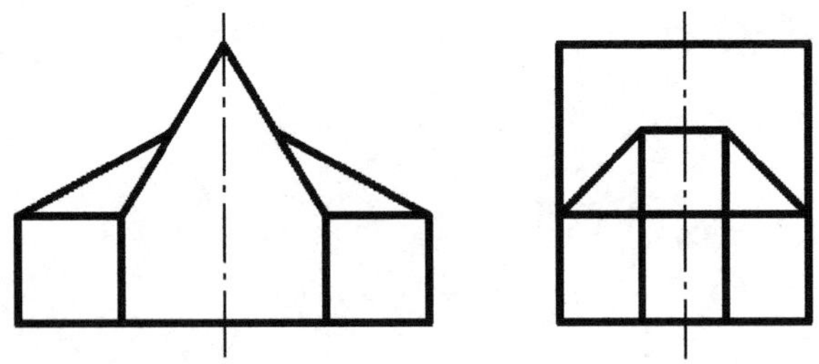

（2）

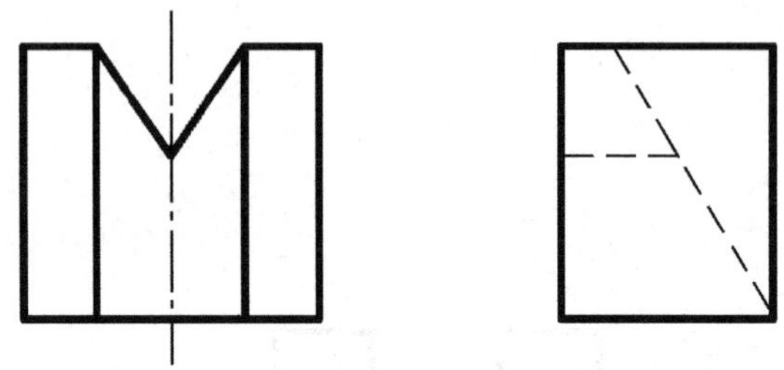

（3）

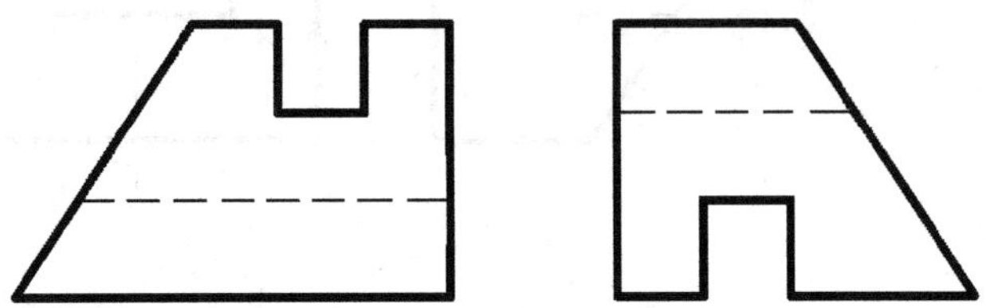

（4）

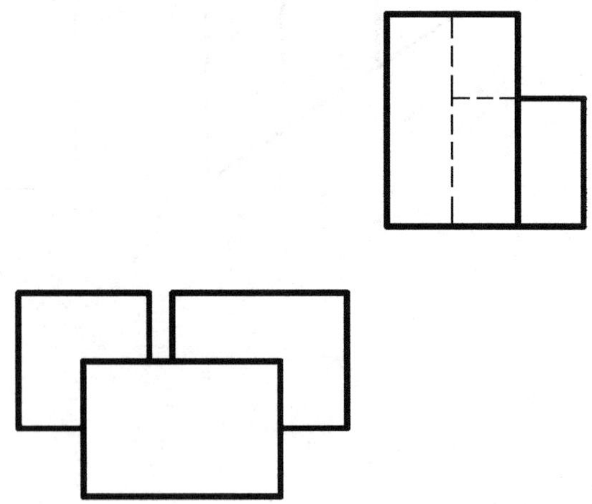

33. 根据已知的两视图想象出物体的形状，并画出第三视图。

(1)

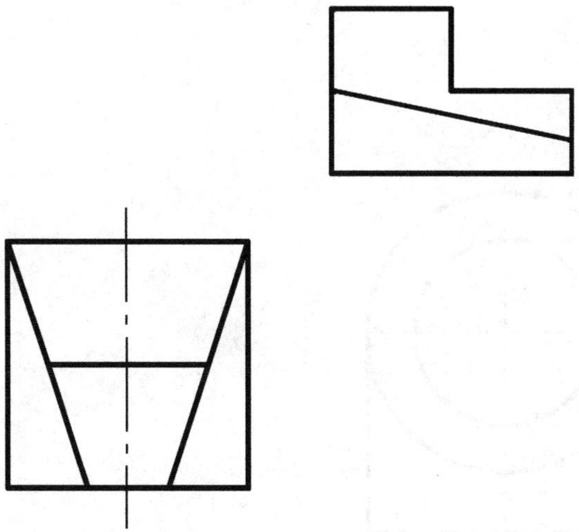

(2)

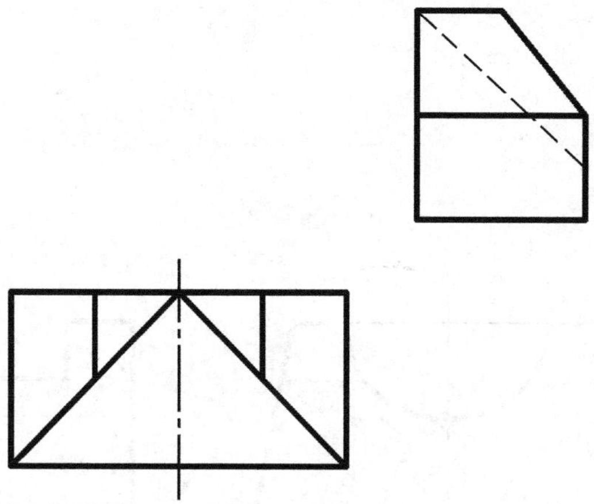

(3)

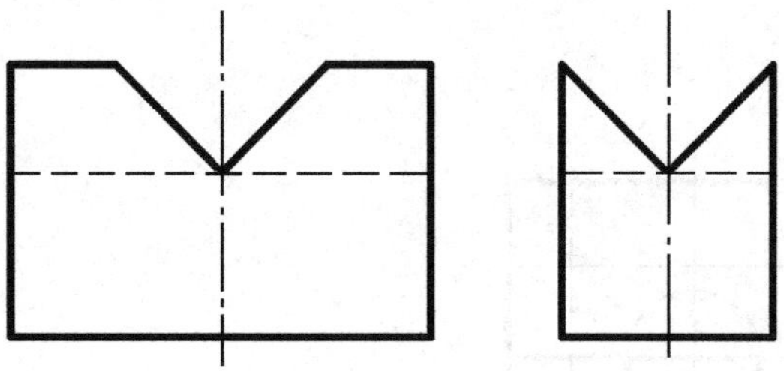

(4)

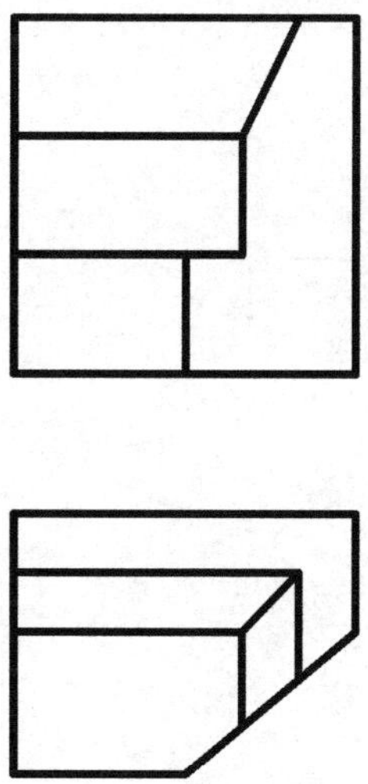

34. 根据已知的两视图想象出物体的形状，并画出第三视图。

(1)

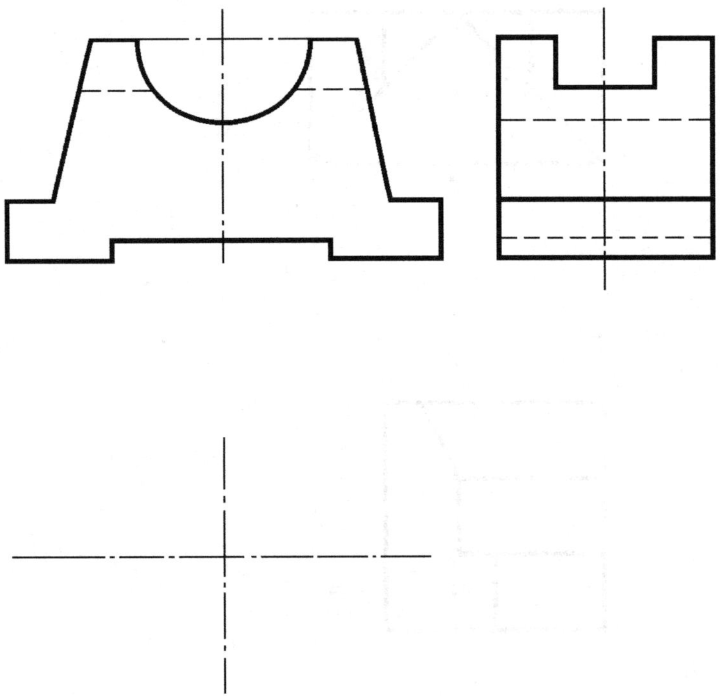

(2)

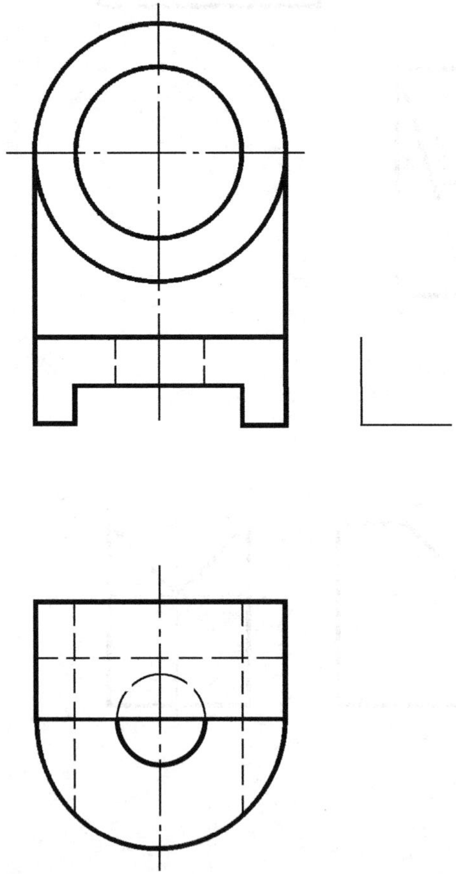

35. 根据已知的两视图想象出物体的形状，并画出第三视图。

(1)

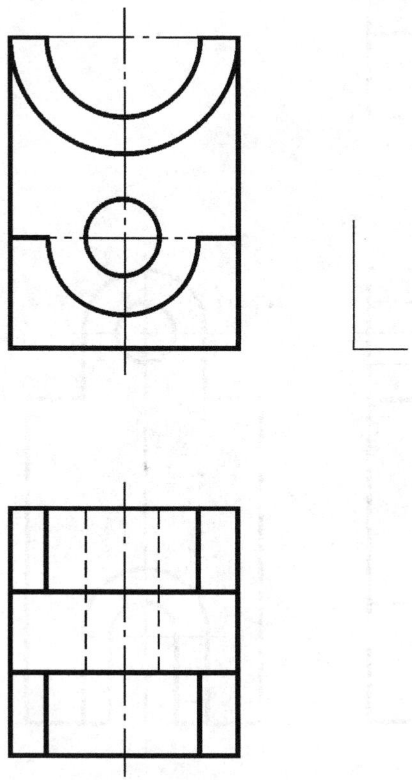

(2)

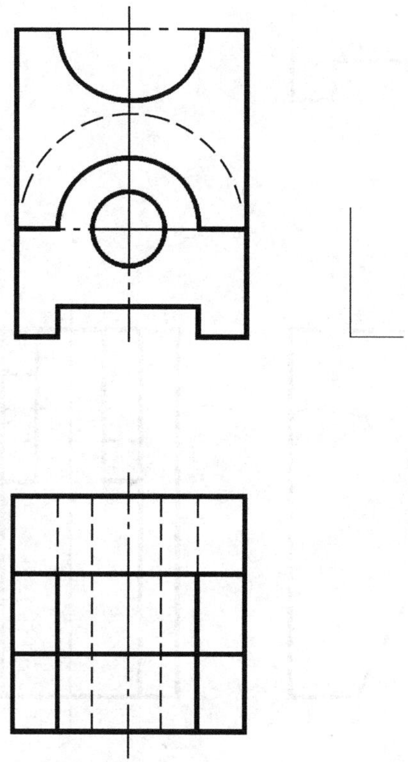

班级 姓名

36. 分析物体的视图，并补画视图中遗漏的图线。

（1）

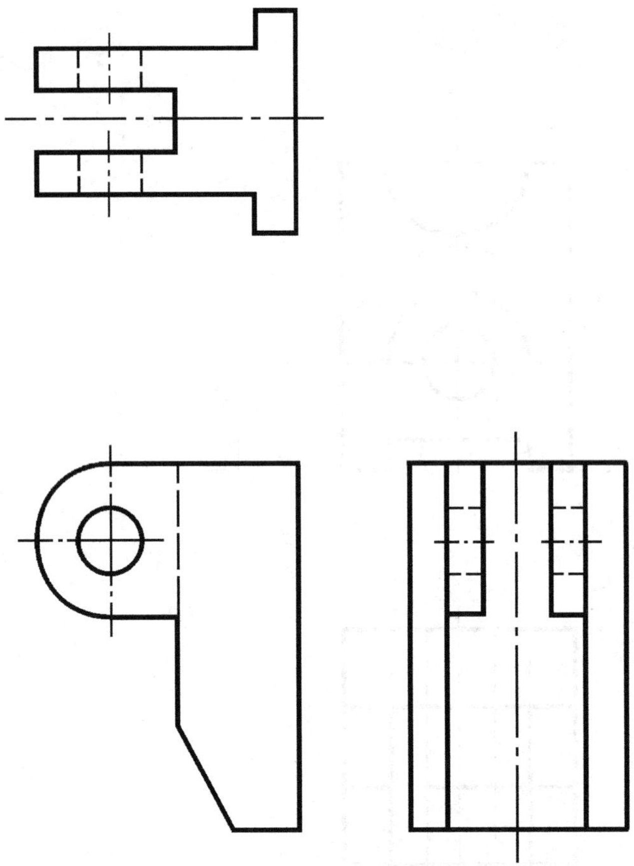

（2）

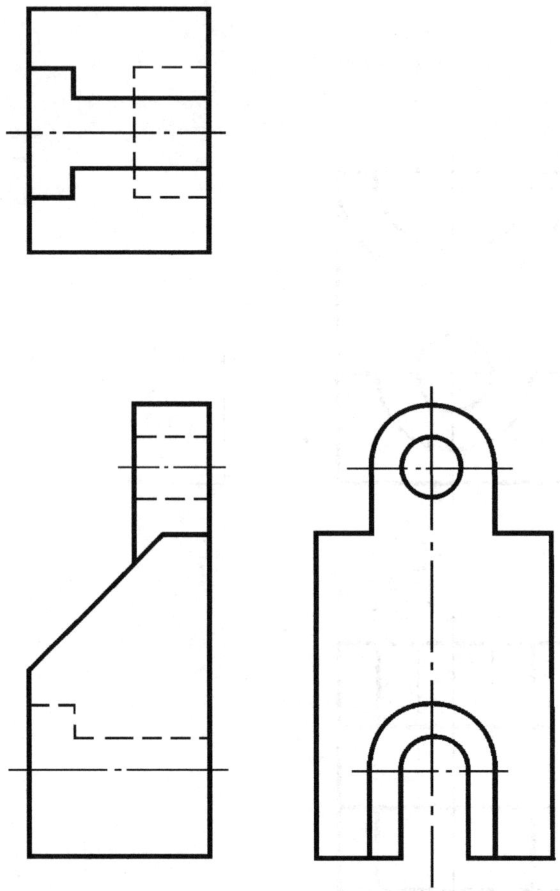

班级　　　　　姓名

37. 分析物体的视图，并补画视图中遗漏的图线。

（1）

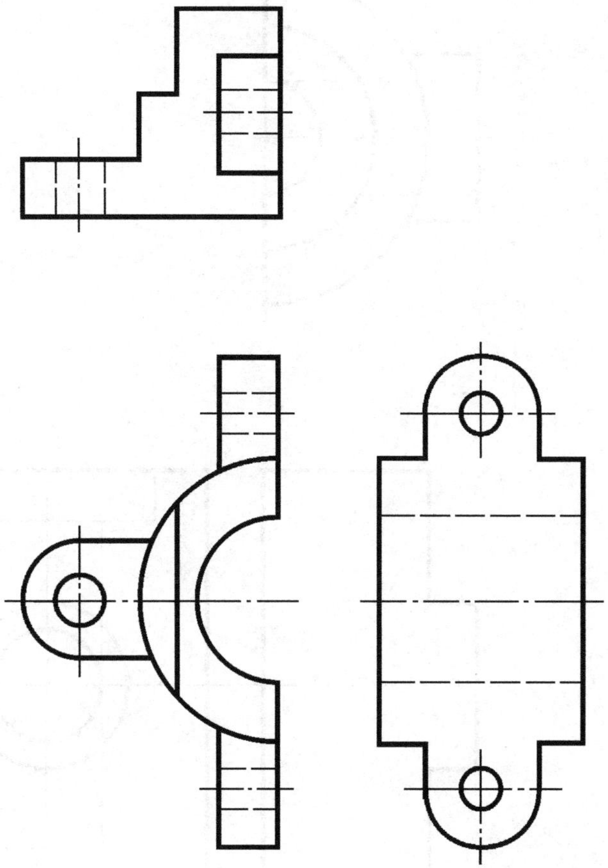

（2）

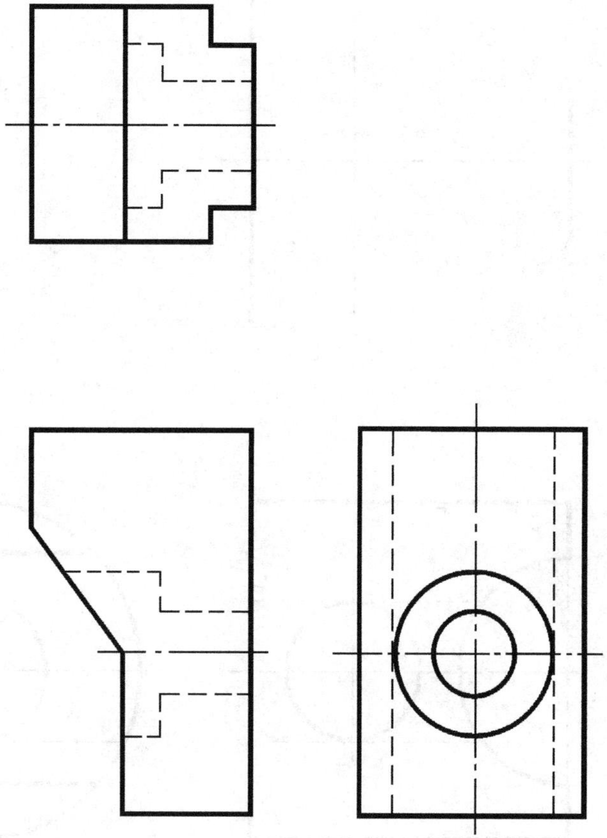

38. 补画视图中所缺的线条。

（1）

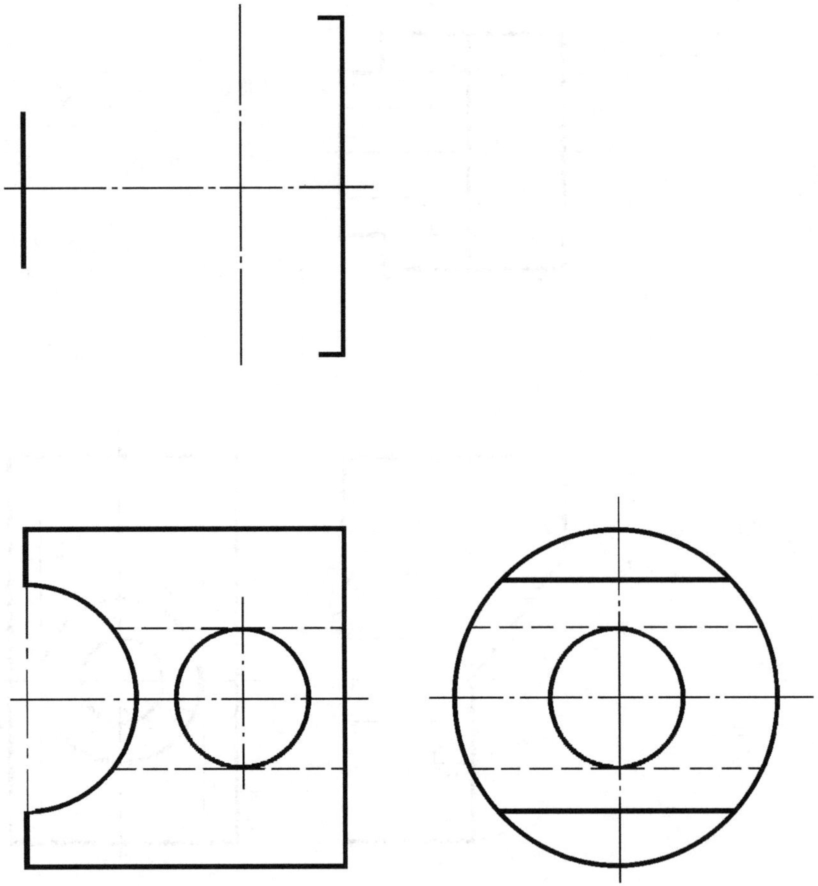

（2）

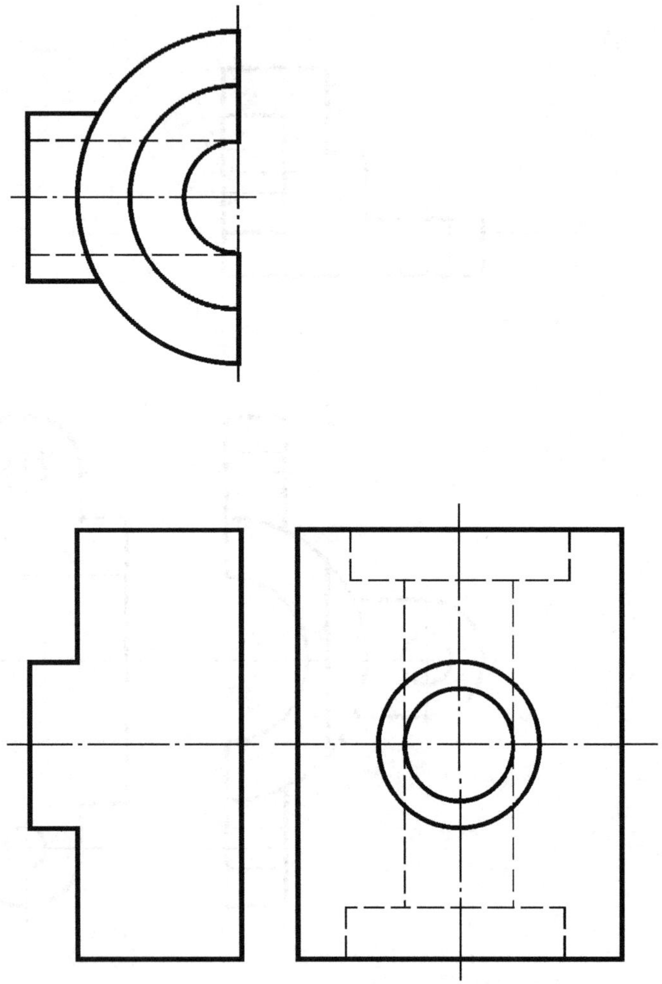

39. 根据已给视图在指定位置画出物体的正等轴测图。

(1)

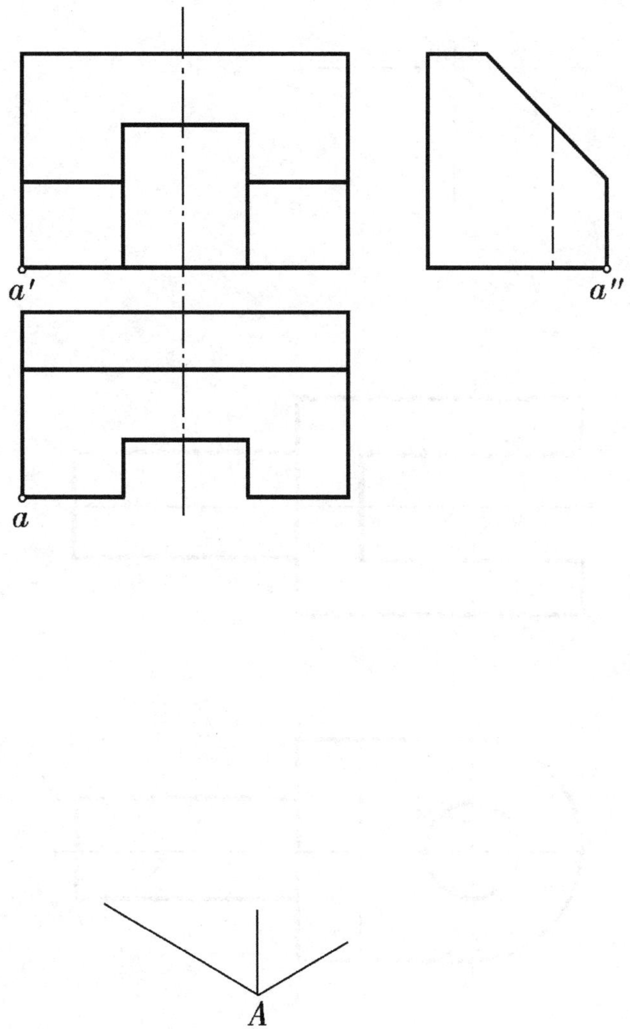

(2)

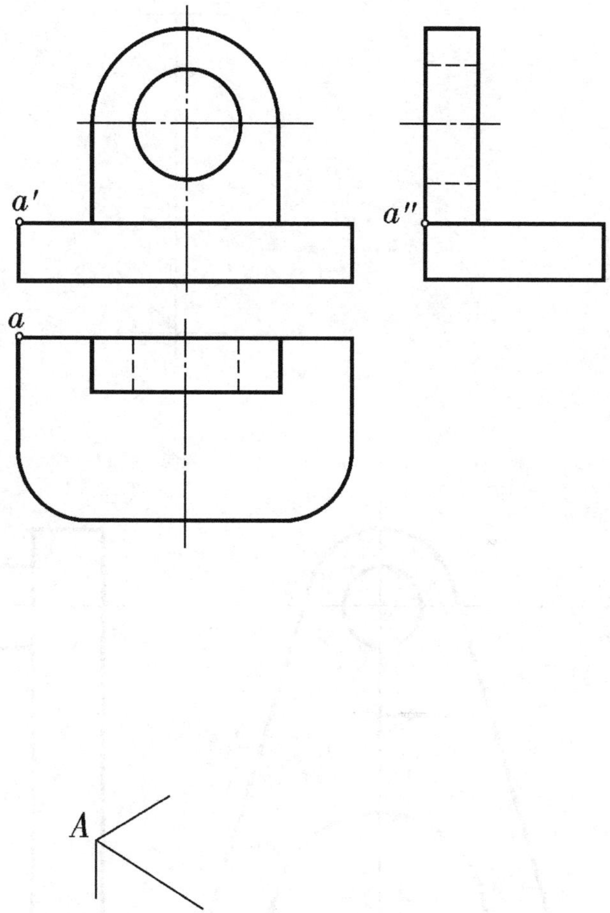

40. 画出物体的斜二轴测图。

(1)

(2)

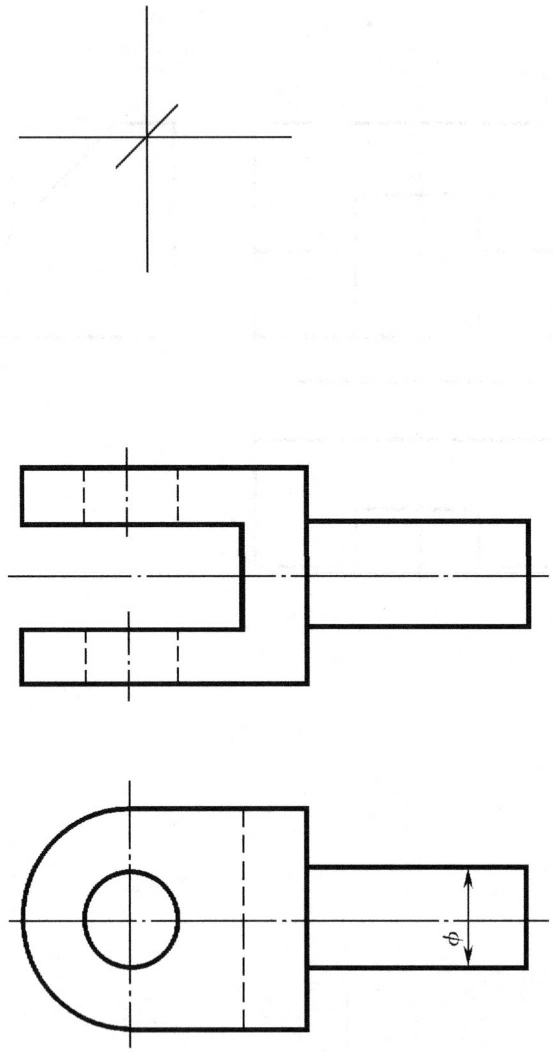

41. 根据已给视图在指定位置画出正等测剖视图。

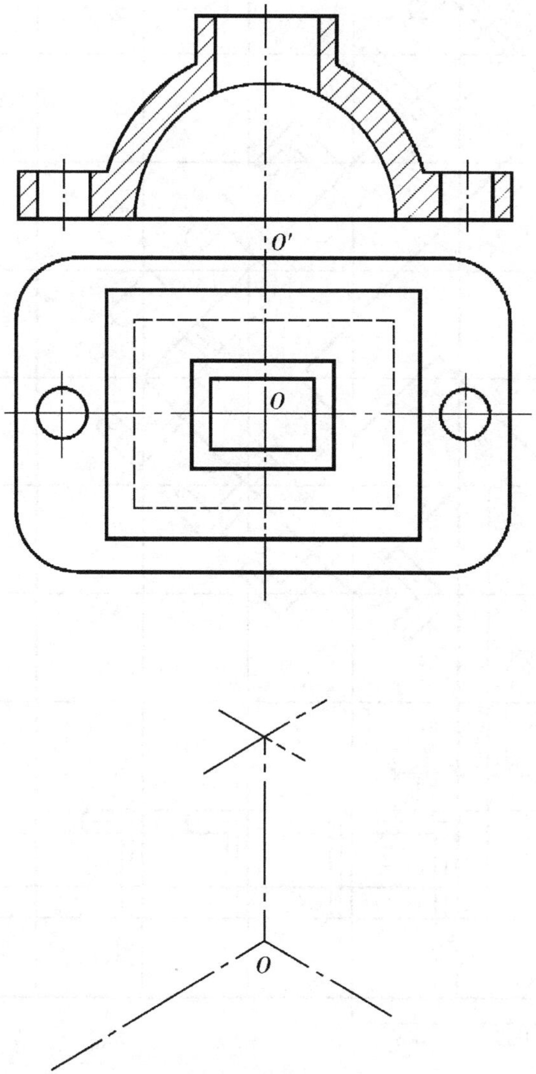

42. 根据已给视图在指定位置画出斜二测剖视图。

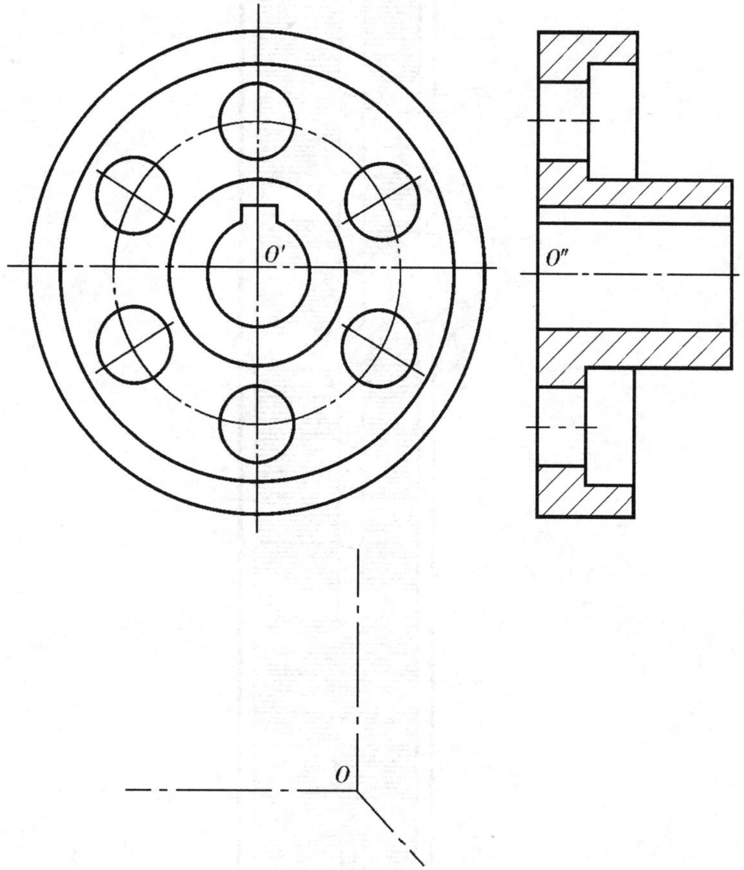

班级 姓名

43. 已知餐厅某局部的视图，用卡纸完成其轴测图（比例为1:25）。

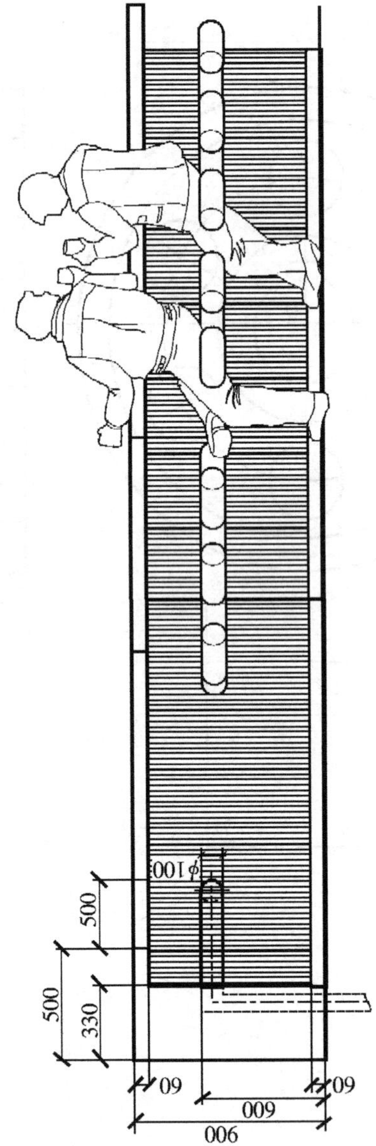

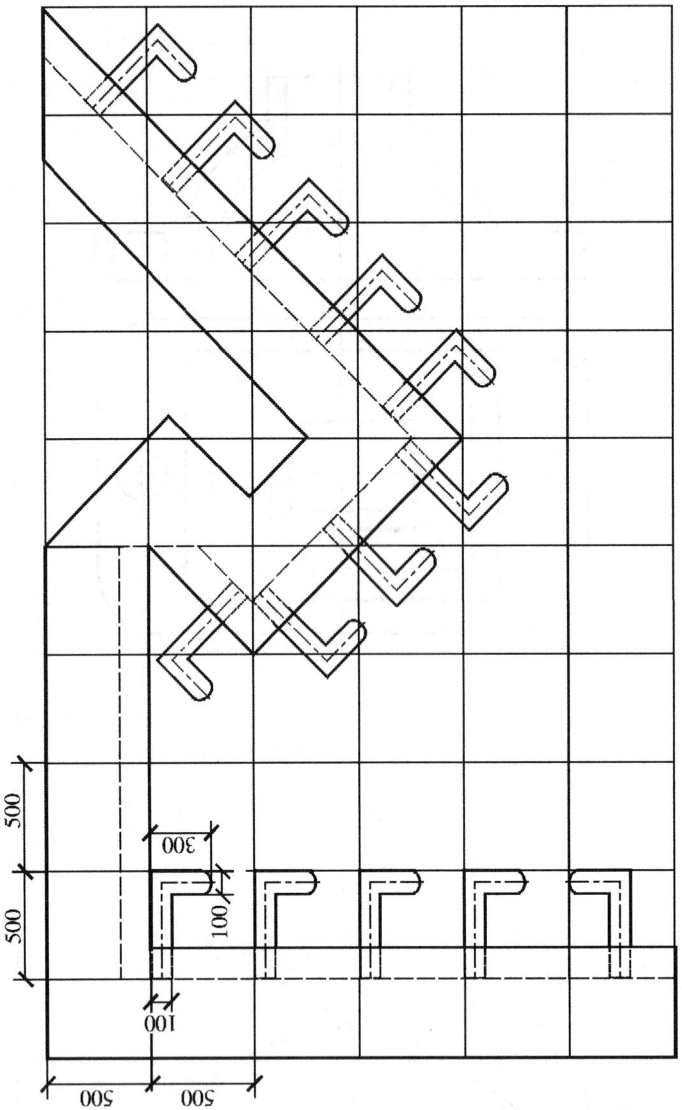

44. 已知物体的主视图、俯视图和左视图，补画其右视图、仰视图和后视图。

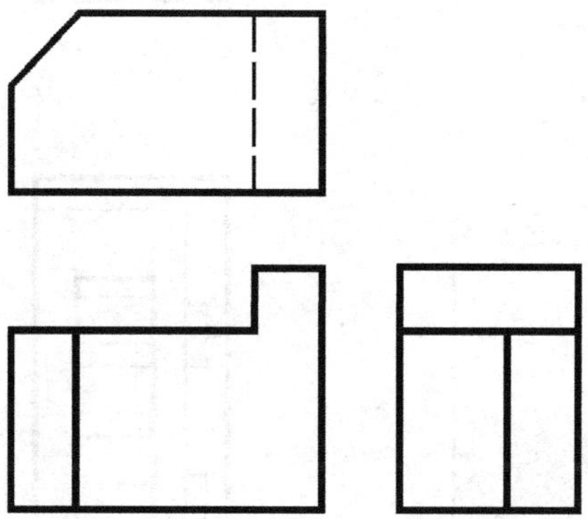

45. 已知物体的主视图和俯视图，补画其左视图、右视图、仰视图和后视图。

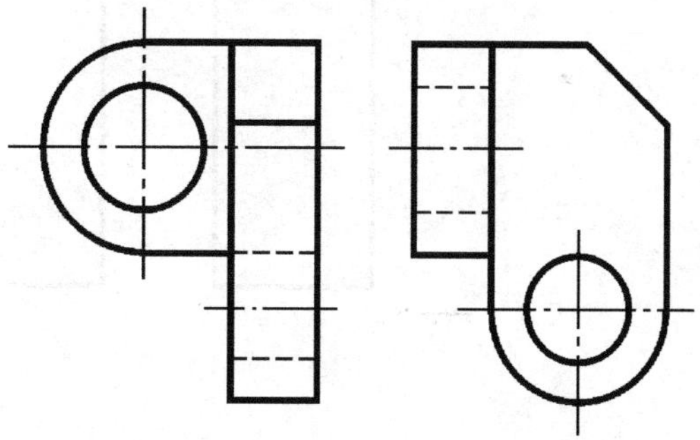

46. 补画建筑形体的左侧立面图和右侧立面图（不可见投影用细虚线画出）。

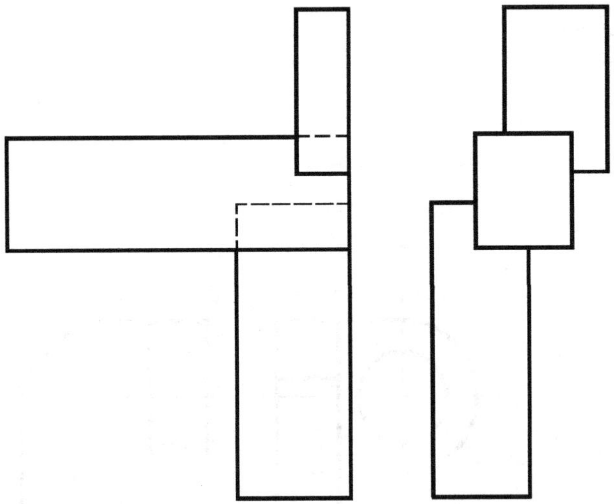

47. 在指定位置上作仰视图。

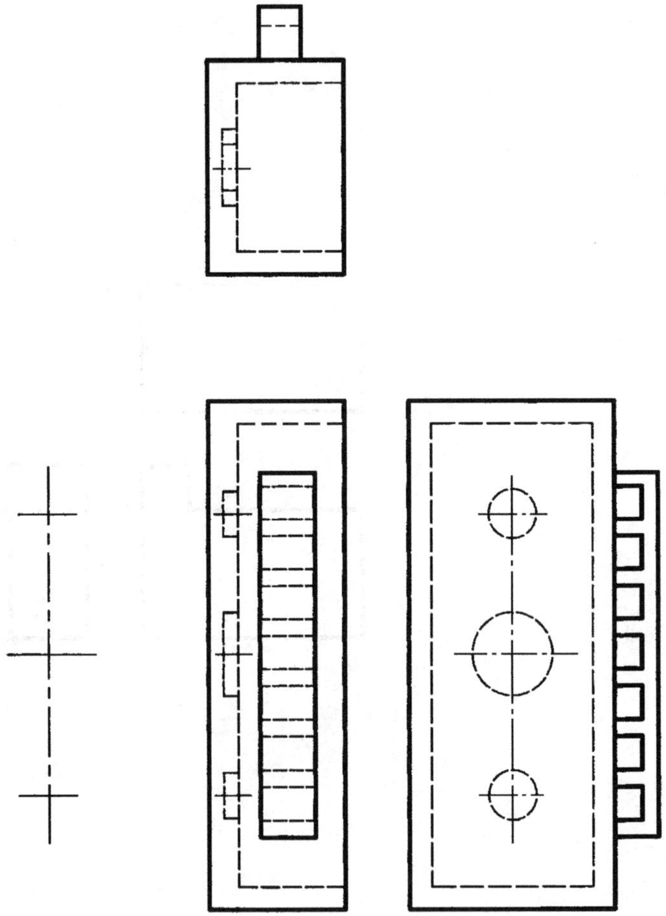

班级　　姓名

48. 补绘建筑形体的正立面图、右侧立面图和背立面图（虚线从略）。

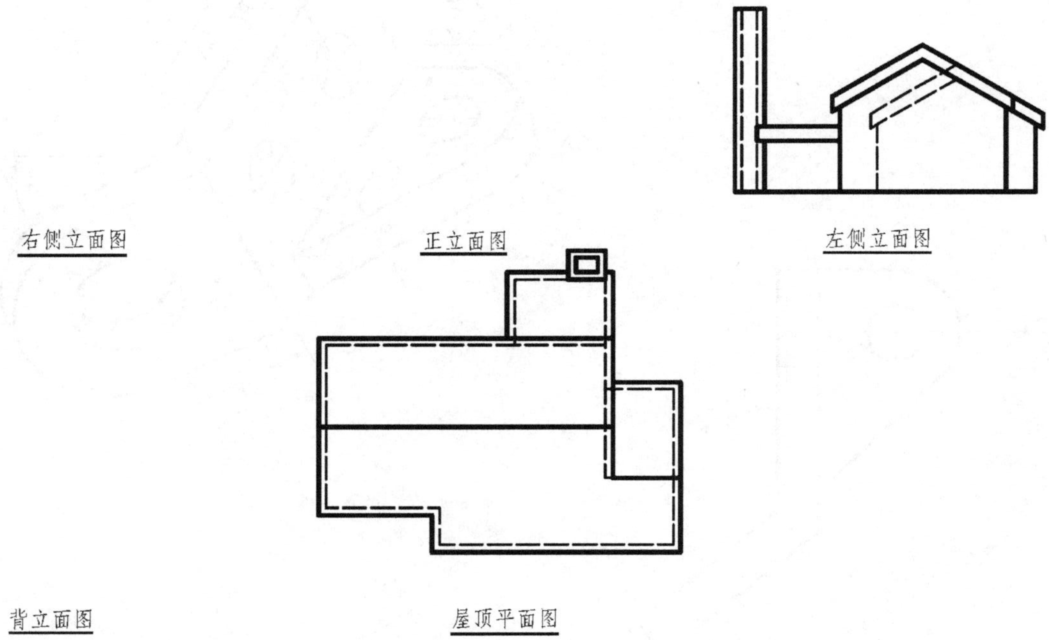

49. 作坡屋顶上天窗的 A 向斜视图。

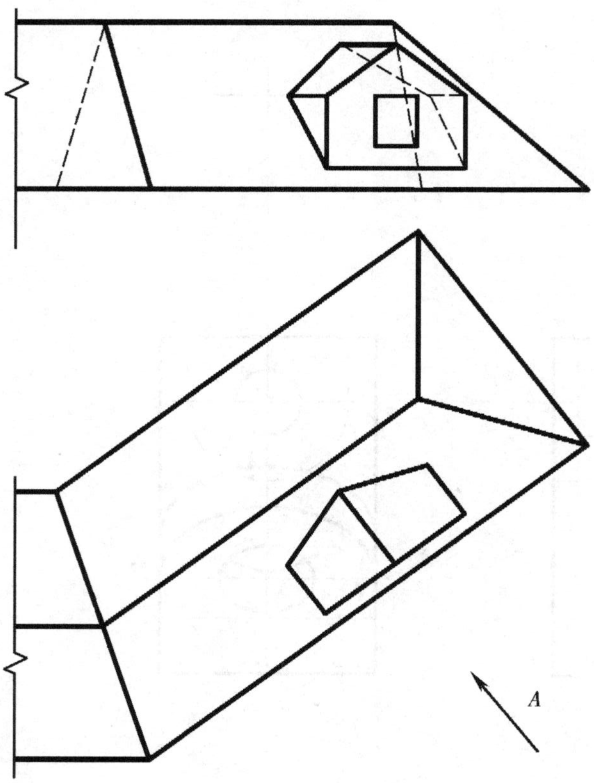

班级　　姓名

50. 根据物体的主视图和俯视图画出 *A* 向斜视图和 *B* 向局部视图。

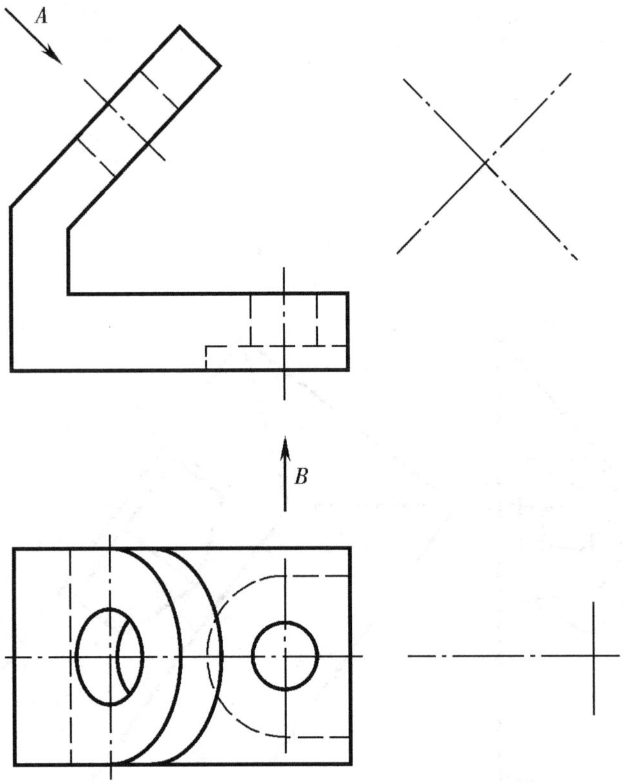

51. 根据轴测图中的尺寸及主视图画出 *A* 向斜视图和 *B* 向局部视图。

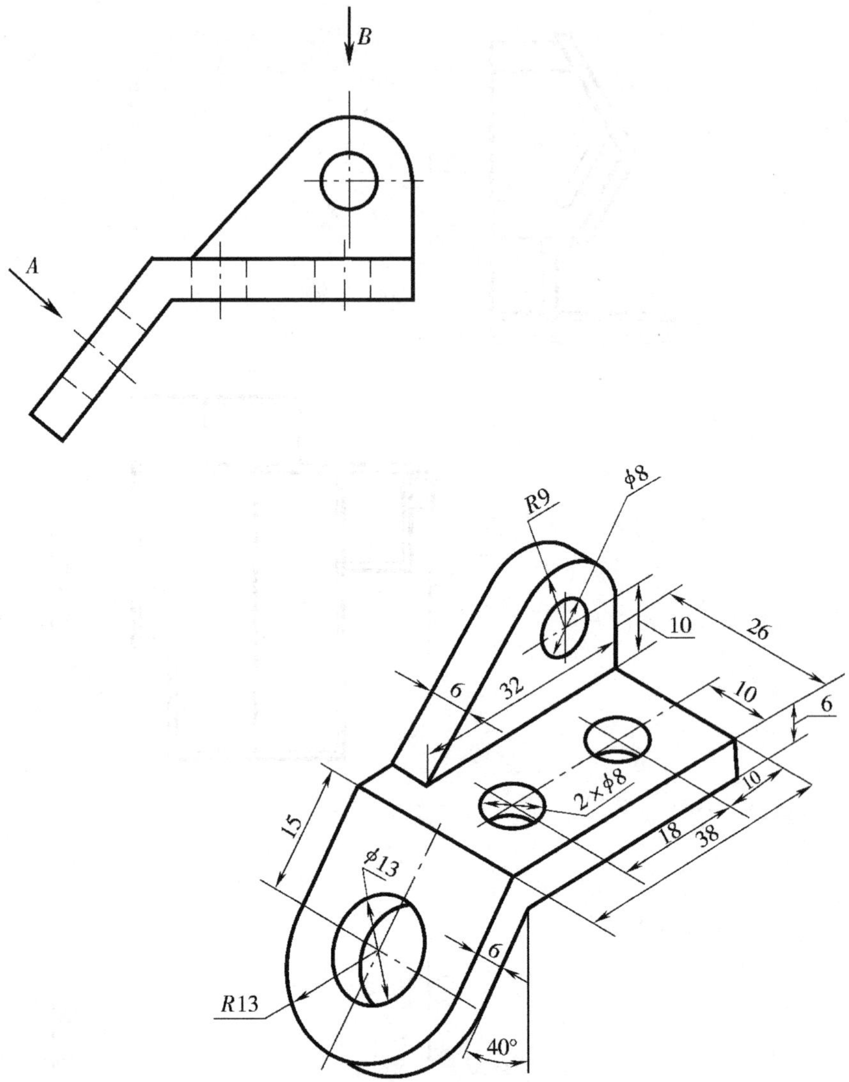

52. 将物体的主视图改画成全剖视图。

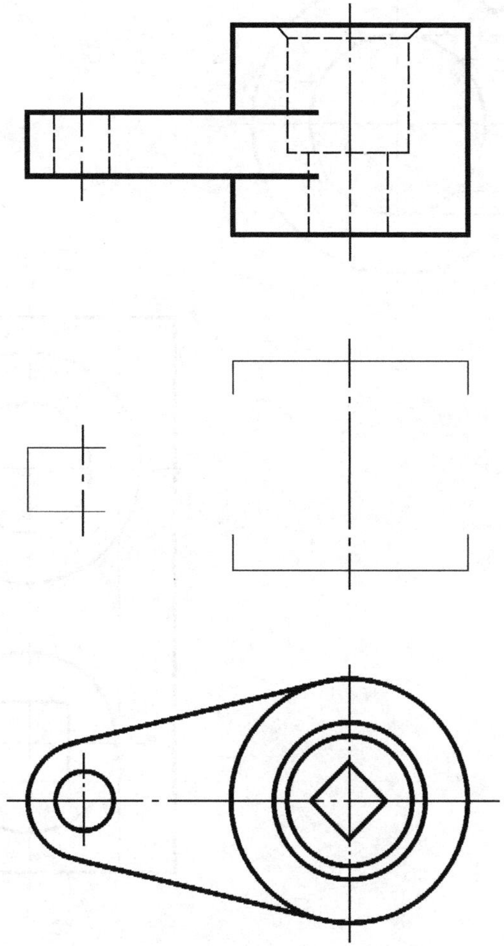

53. 画出物体的全剖主视图。

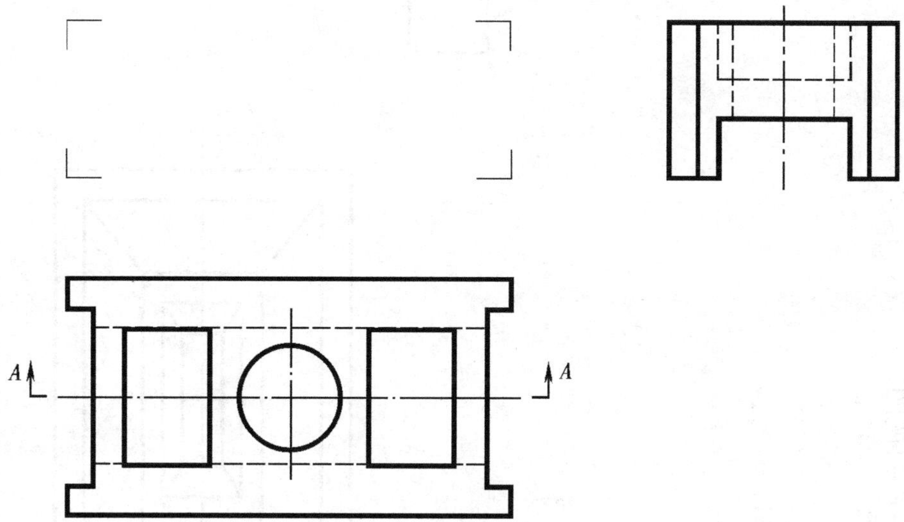

54. 画出对称物体的 B—B 剖视图。

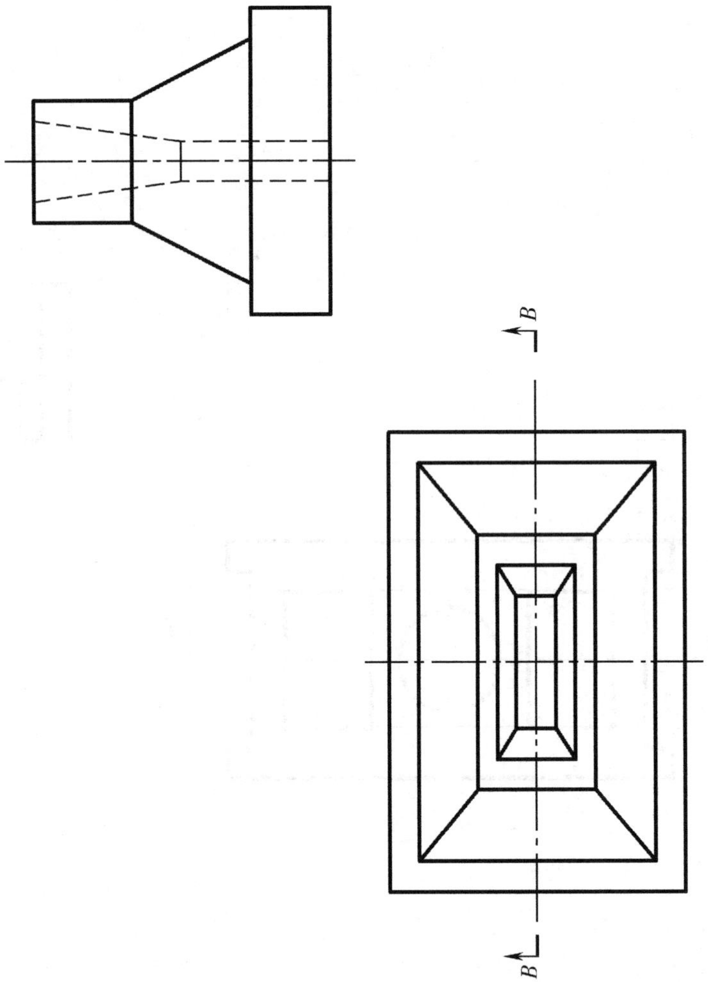

55. 求画主视图（A—A 剖视）。

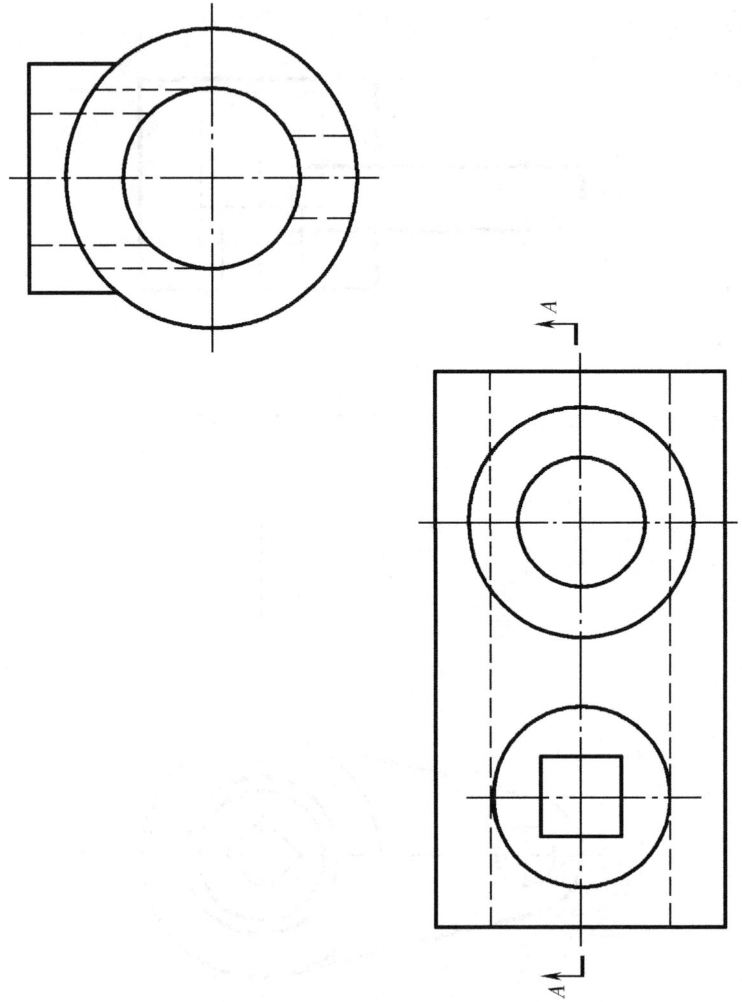

56. 画出 1—1 和 2—2 剖视图。

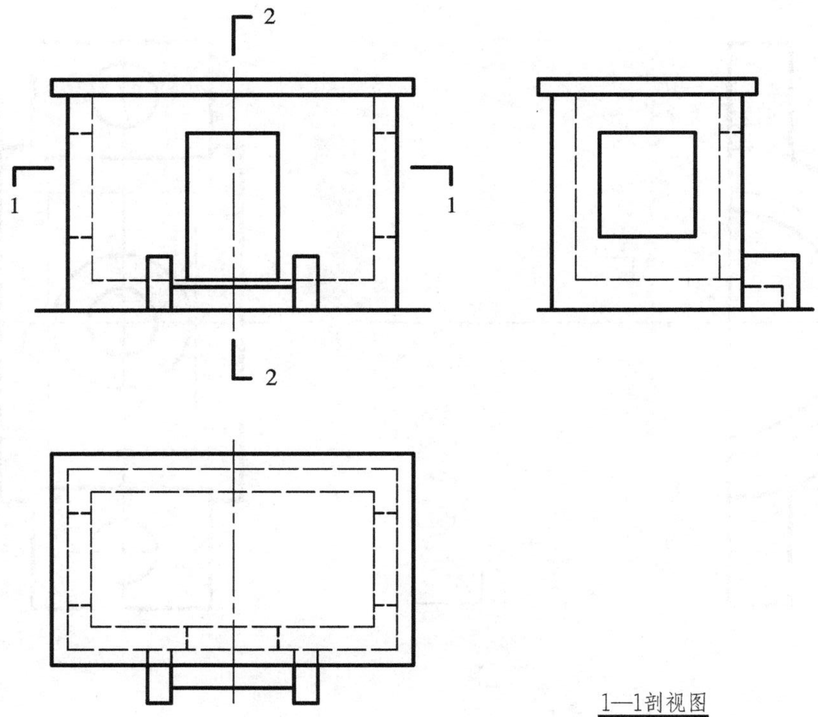

1—1剖视图

2—2剖视图

57. 画出 1—1 半剖视图和 2—2 全剖视图。

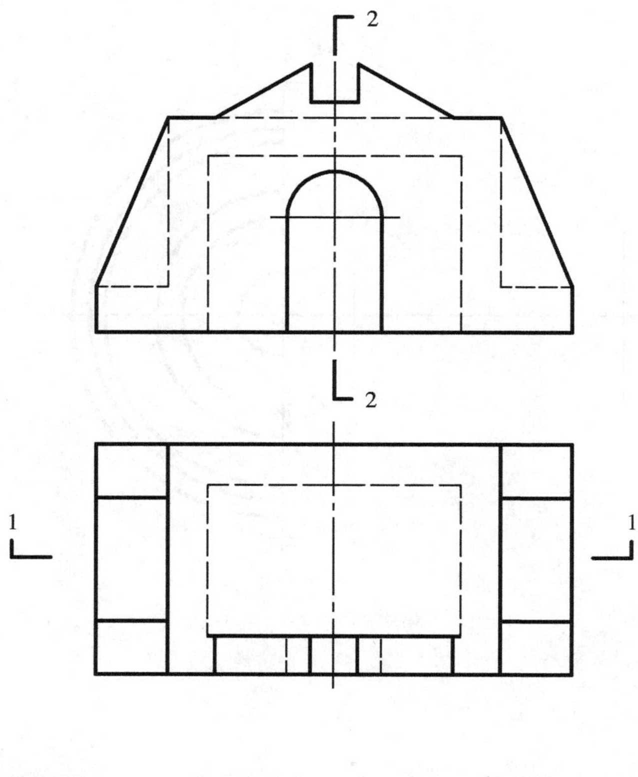

1—1剖视图

2—2剖视图

班级　　姓名

58. 将物体的主视图改画成半剖视图。

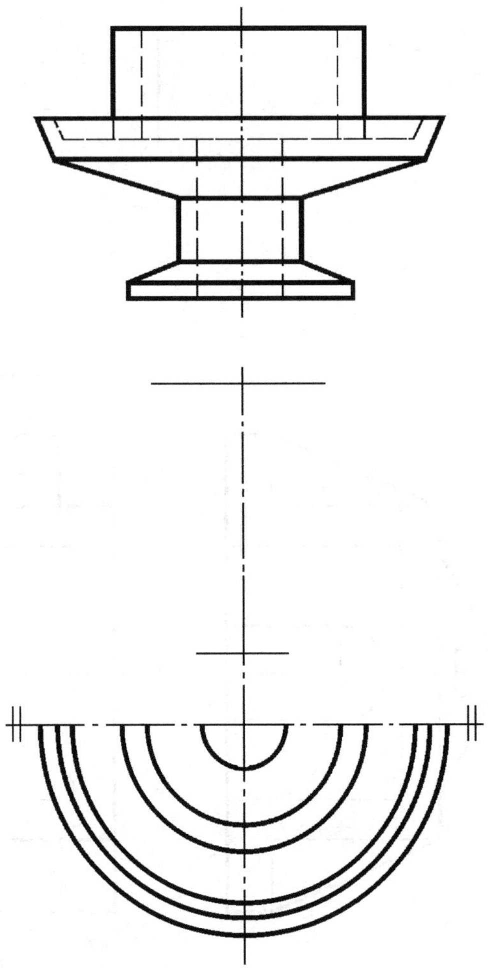

59. 将物体的主视图改画成半剖视图并标注尺寸。

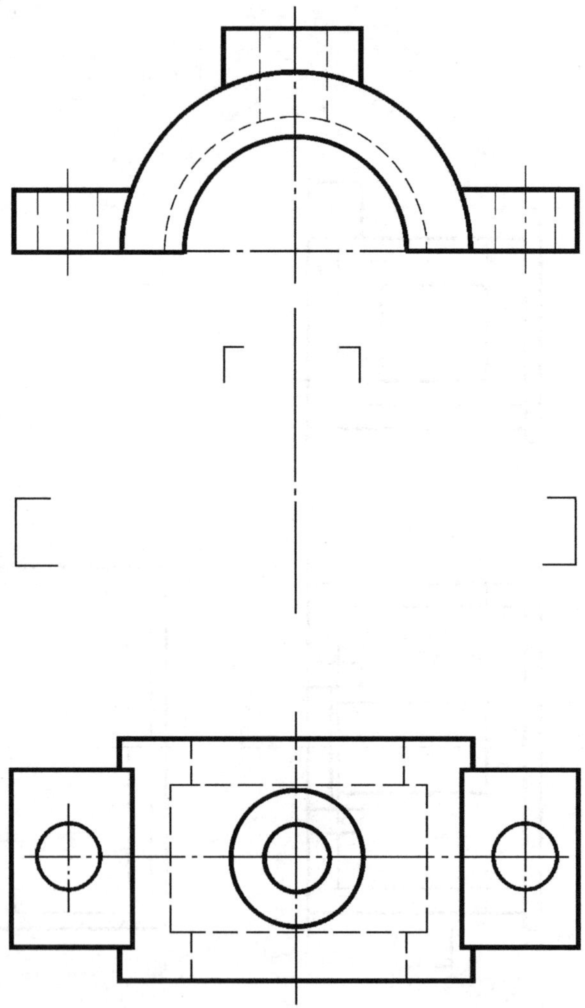

班级　　姓名

60. 将物体的主视图改画成全剖视图。

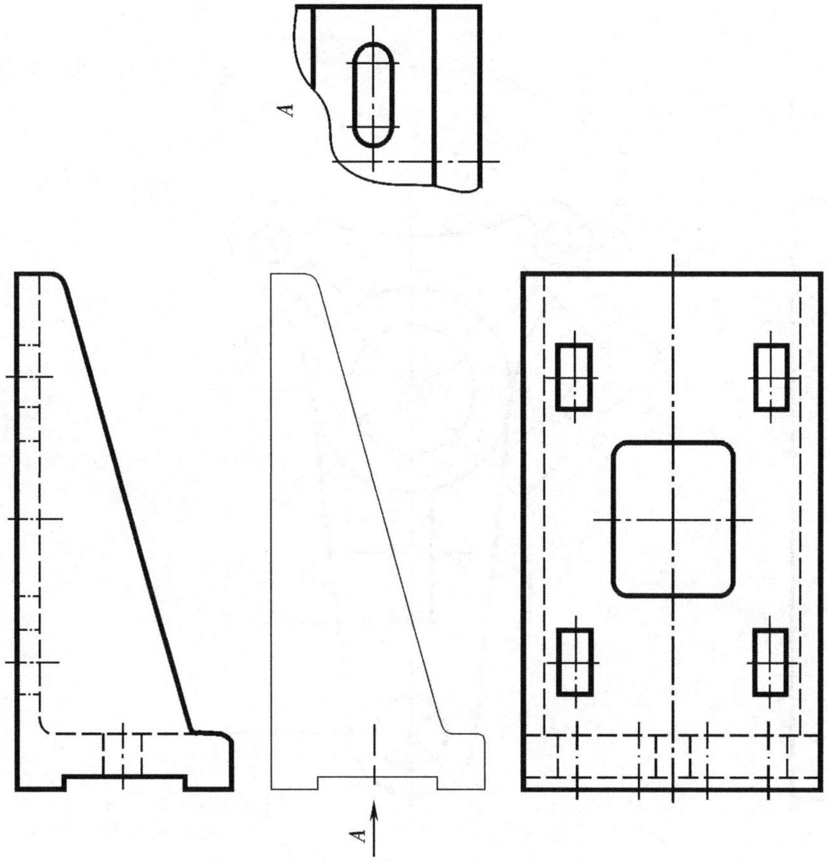

61. 将物体的主、俯视图改画成局部剖视图。

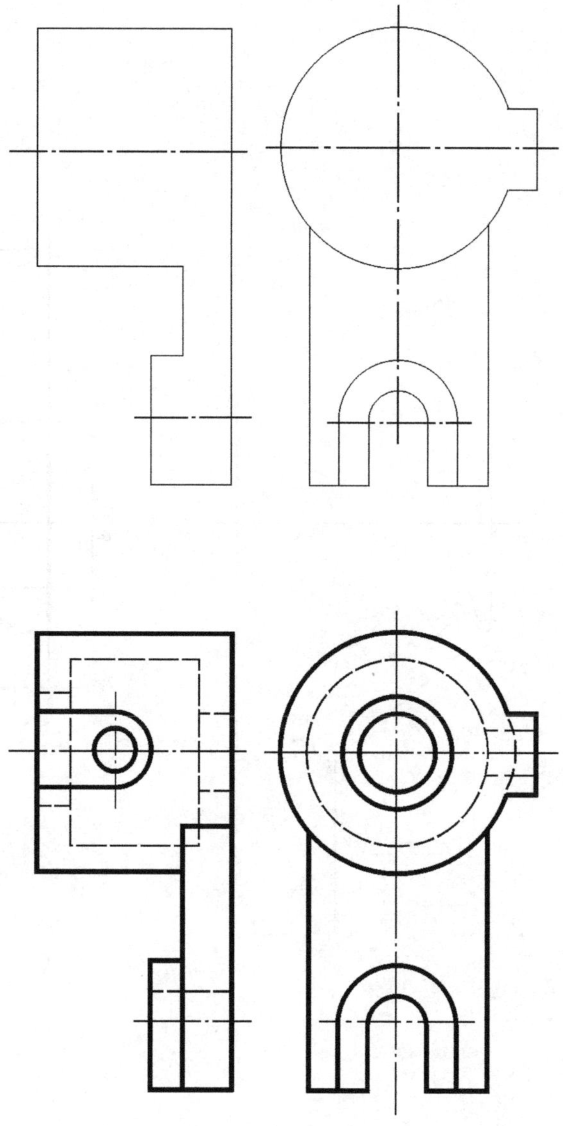

62. 将物体的主视图改画成全剖视图。

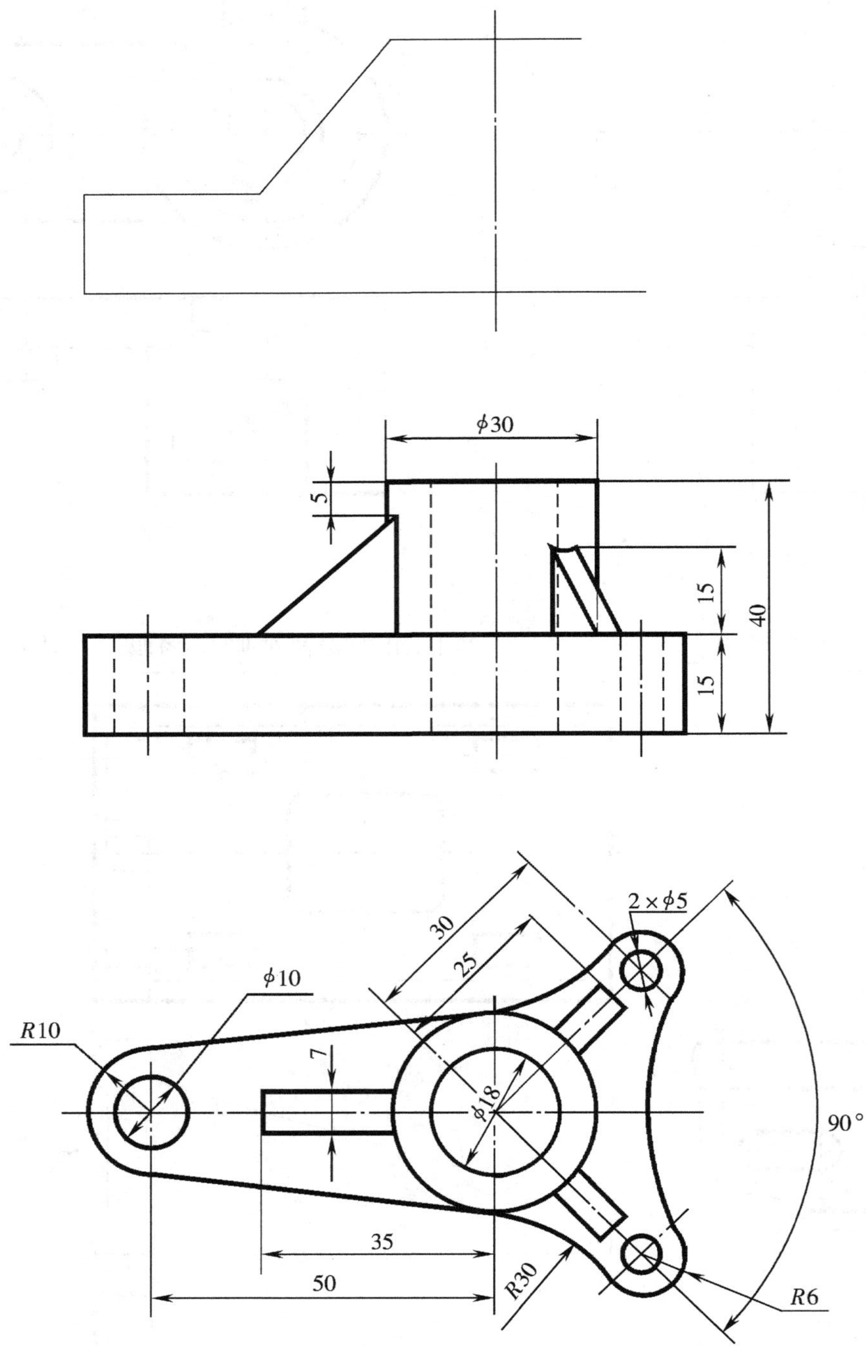

63. 画出指定的斜剖视图。

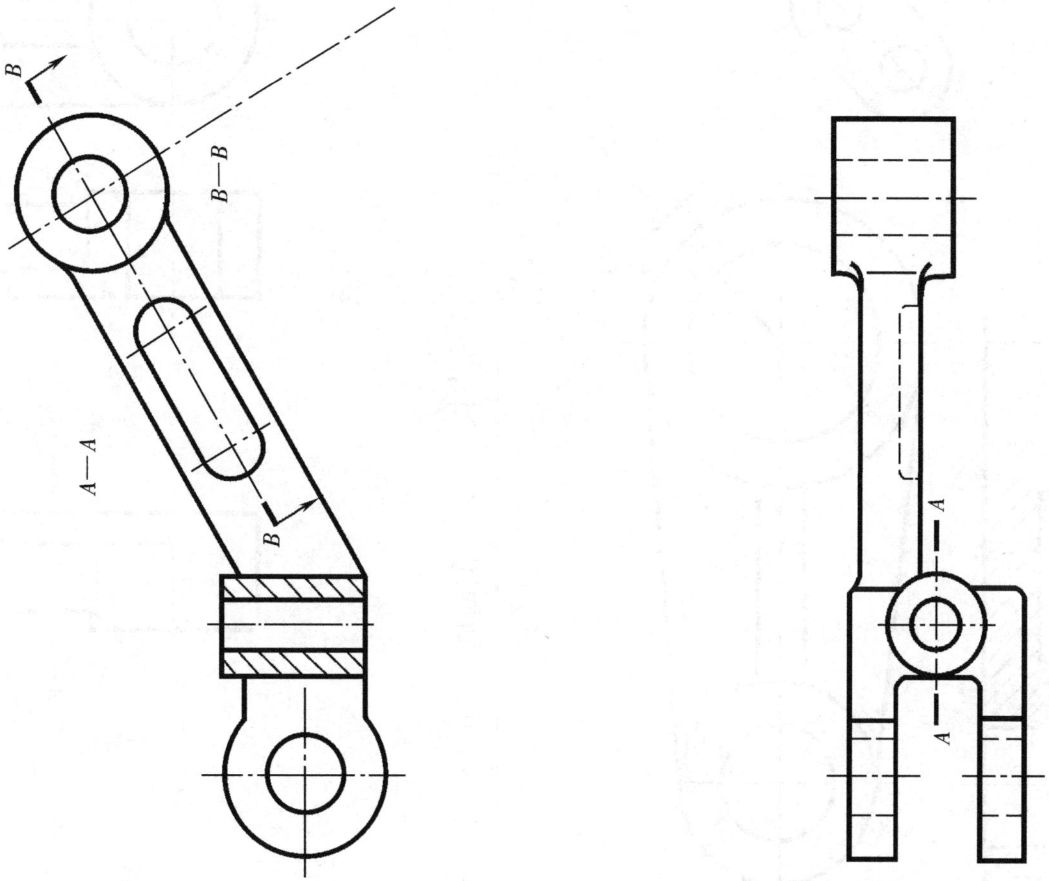

64. 将物体的主视图按 *B*—*B* 剖切位置画全。

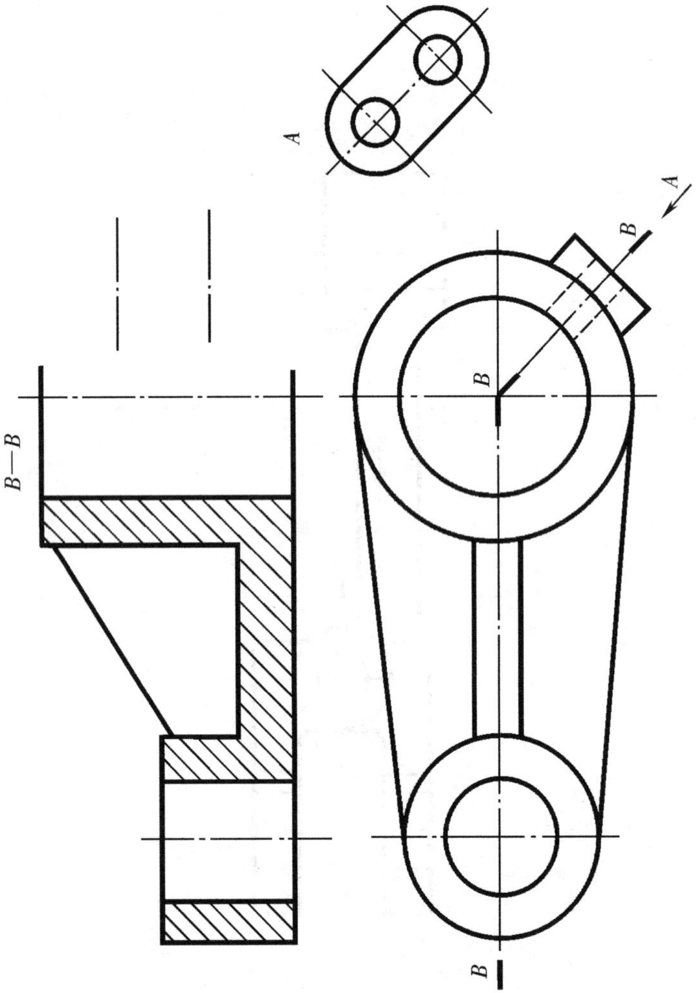

65. 画出物体的 *A*—*A*、*B*—*B* 断面图。

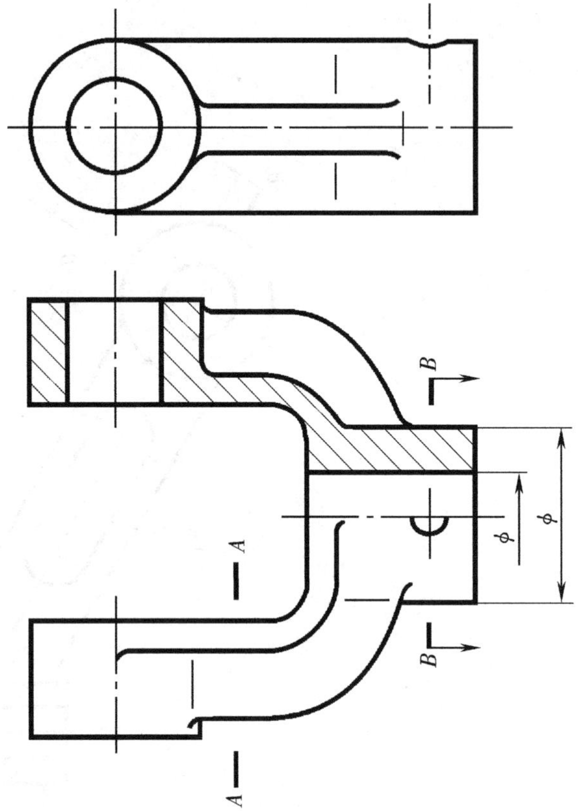

66. 补全左视图（全剖视图），并画出俯视图（*A*—*A* 半剖视图）。

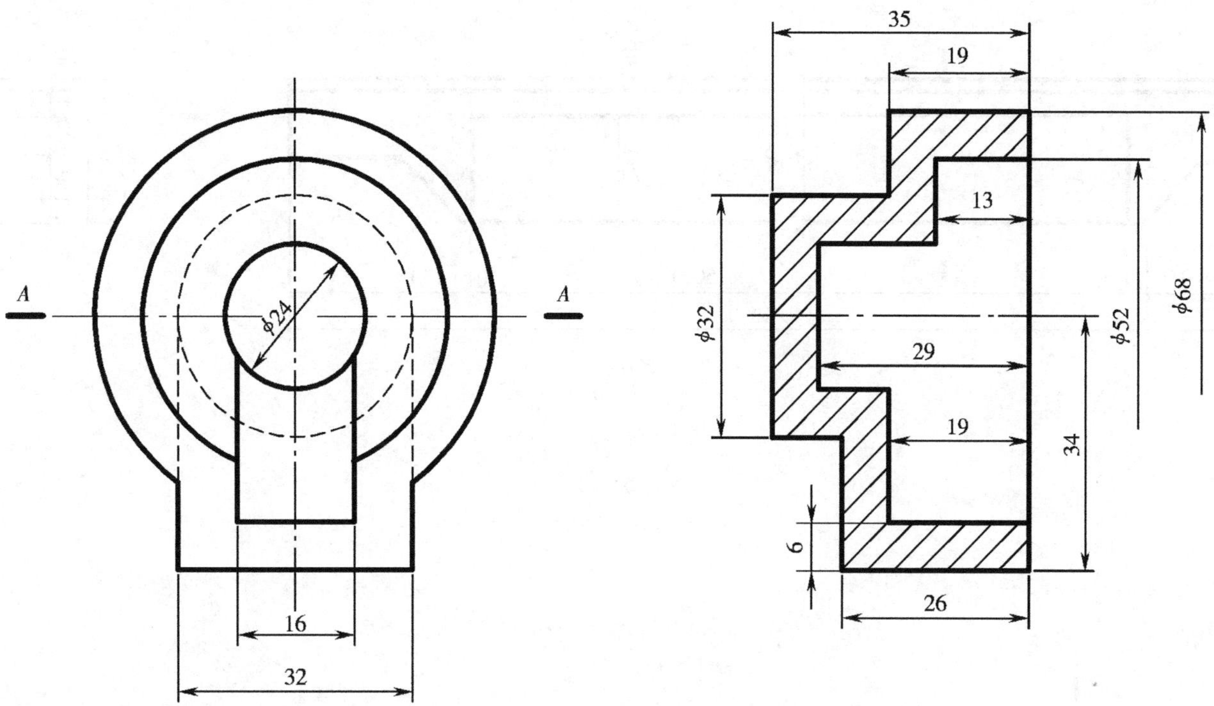

67. 作檩条的 1—1、2—2、3—3、4—4 断面图。

(1)

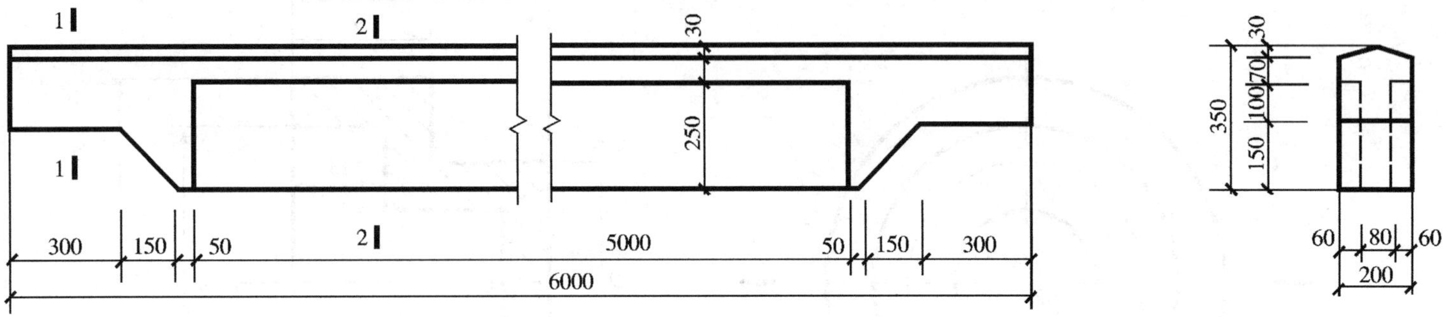

(2)

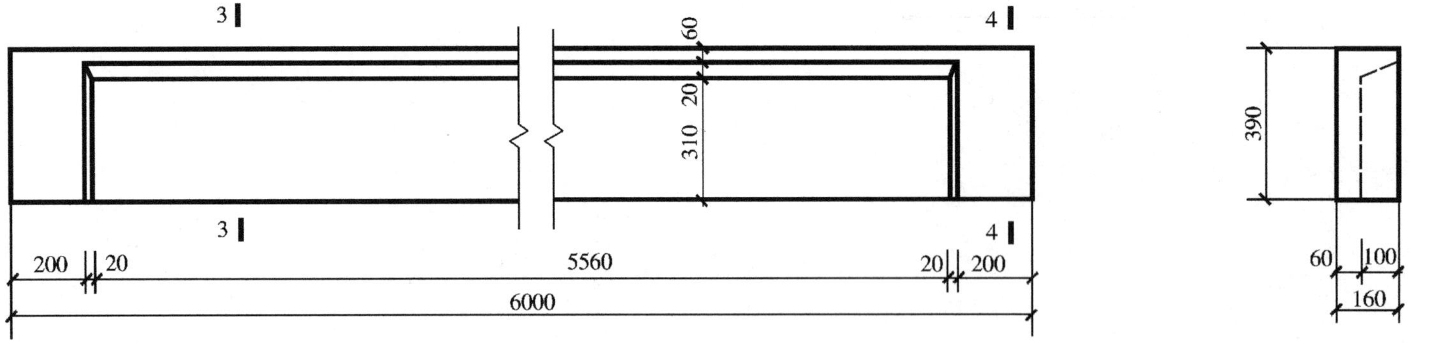

68. 按所示比例要求标注物体的尺寸（按图1:1量取整数）。

（1）1:40

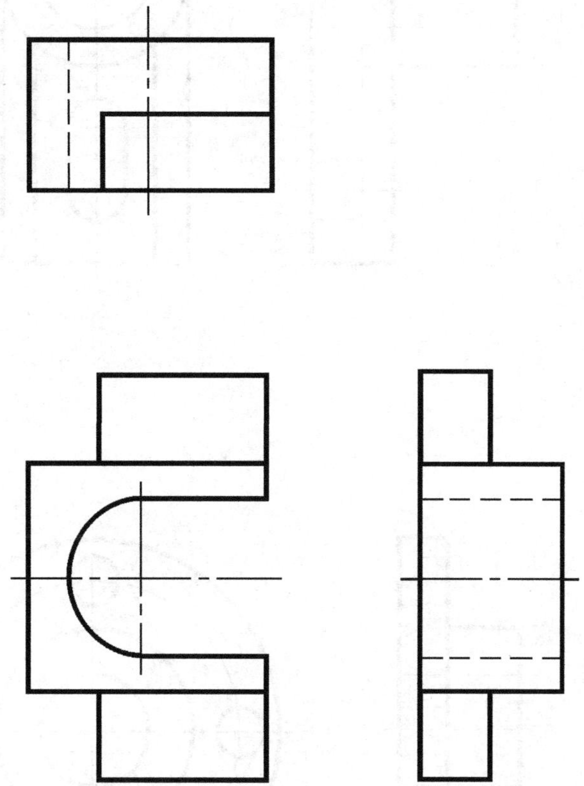

（2）1:30

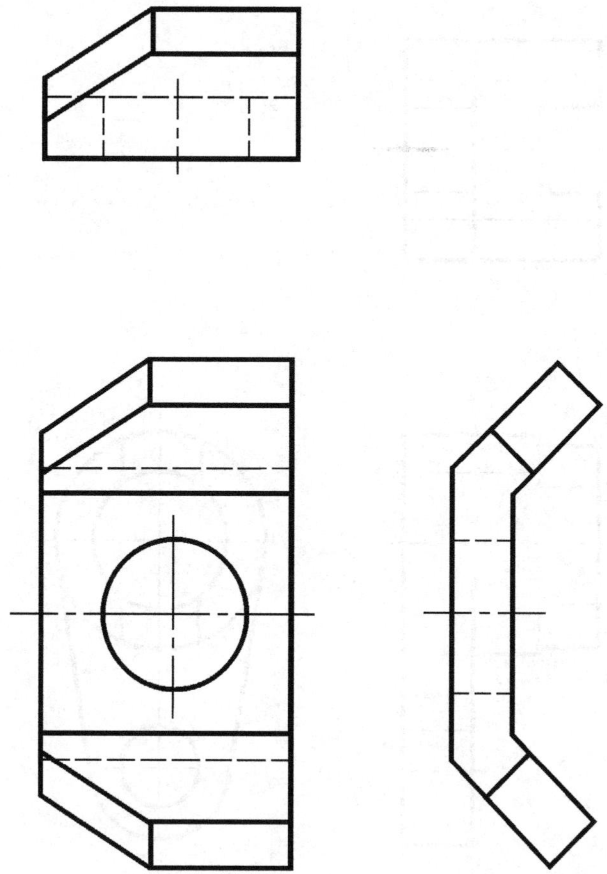

69. 按所示比例要求标注物体的尺寸（按图 1:1 量取整数）。

（1）1:1

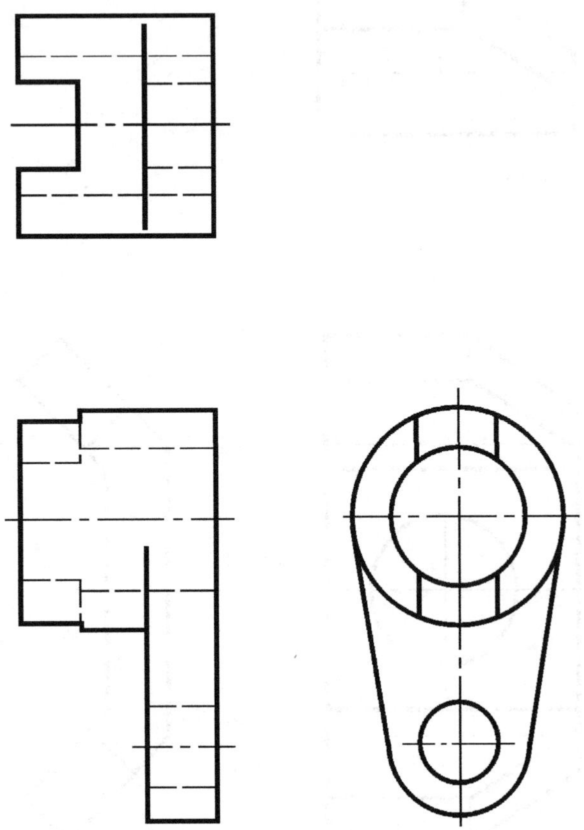

（2）1:2

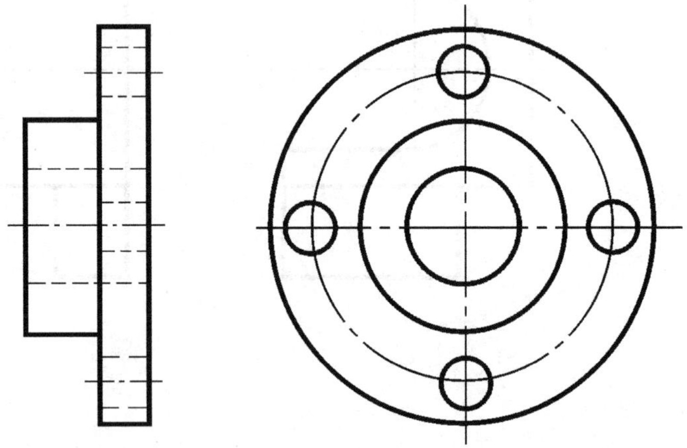

（3）1:1

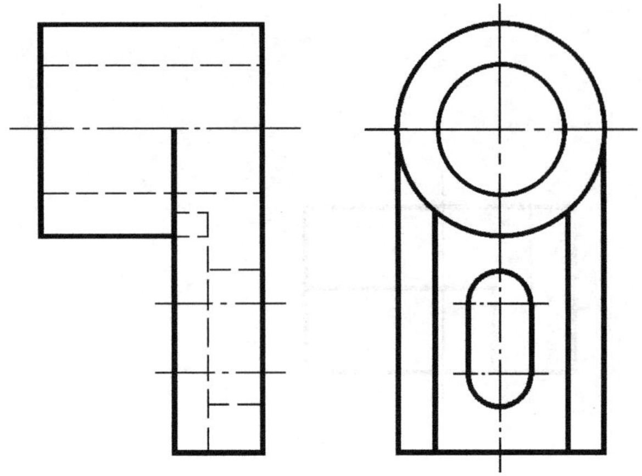

70. 在视图中标注物体的尺寸（按图 1:1 量取整数）。

（1）

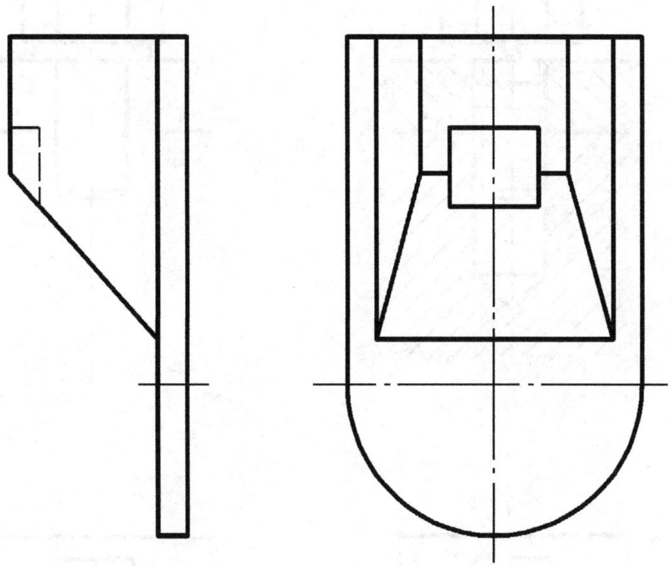

（2）

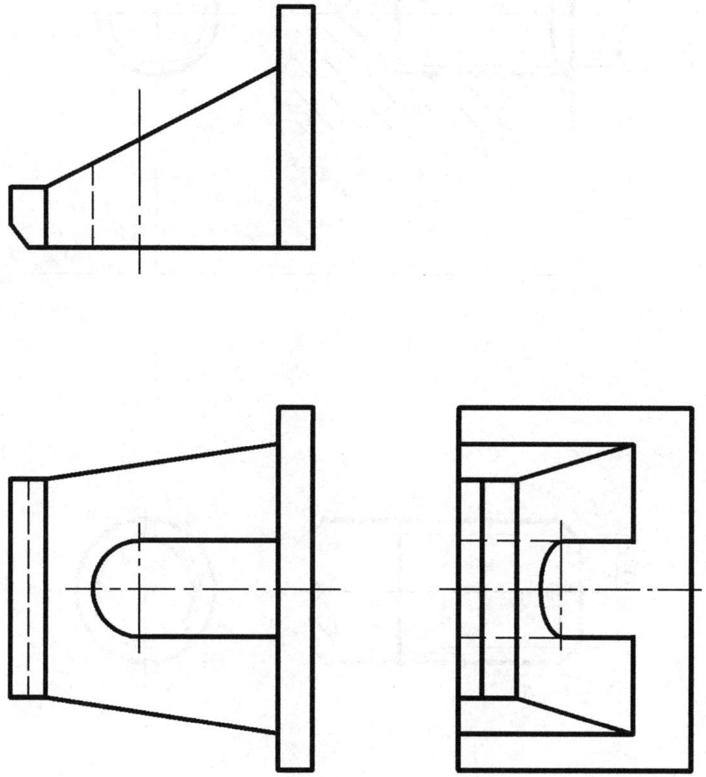

班级　　　　姓名

71. 找出视图中的错误，在指定位置画出正确的视图。

（1）

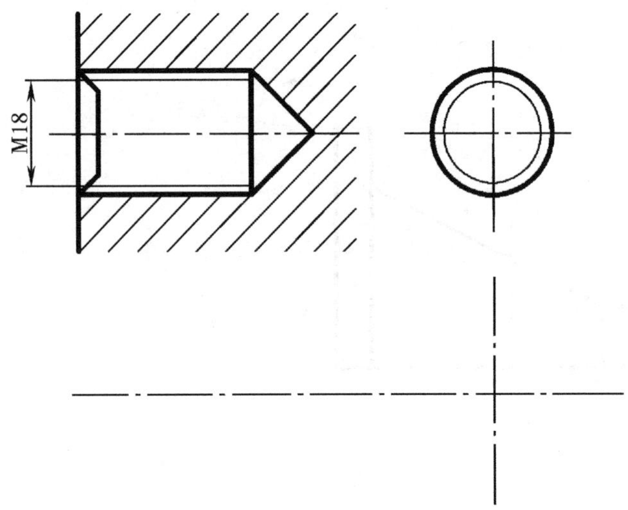

（2）

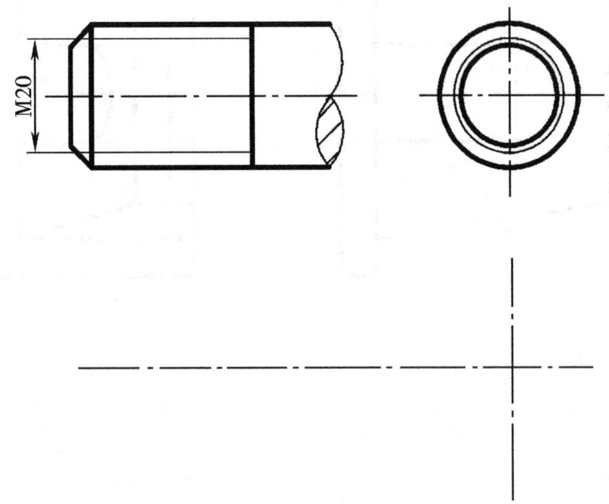

（3）

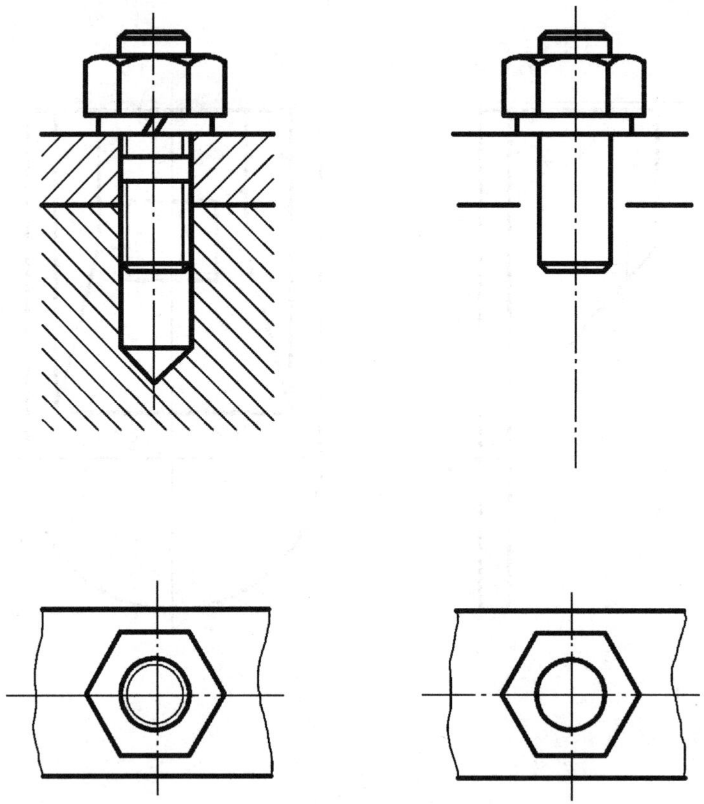

72. 在指定位置画出 *A*—*A*、*B*—*B* 和 *C*—*C* 断面图。

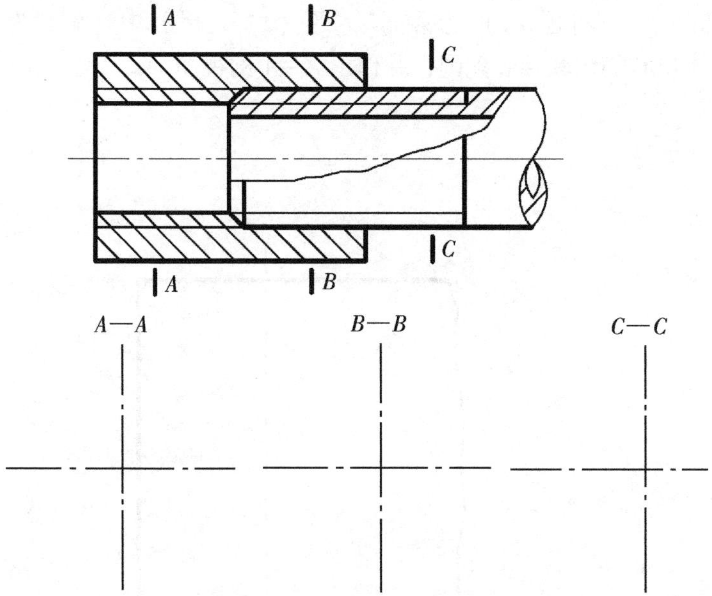

73. 根据螺纹联接件的代号查表注出全部尺寸。
螺母　GB/T 6170　M24

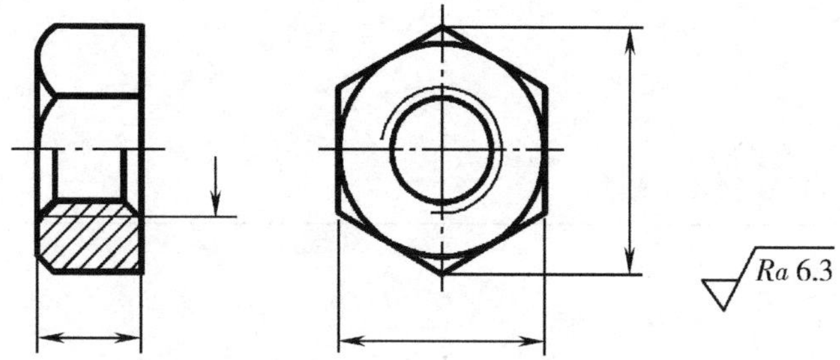

规定标记________________

74. 根据螺纹联接件的代号查表注出全部尺寸。
螺栓　GB/T 5782　M24 × 100

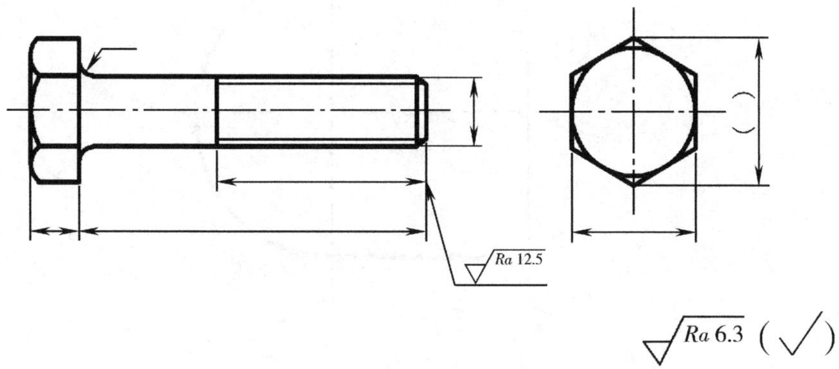

规定标记________________

75. 根据螺纹联接件的代号查表注出全部尺寸。
垫圈　GB/T 97. 2　24

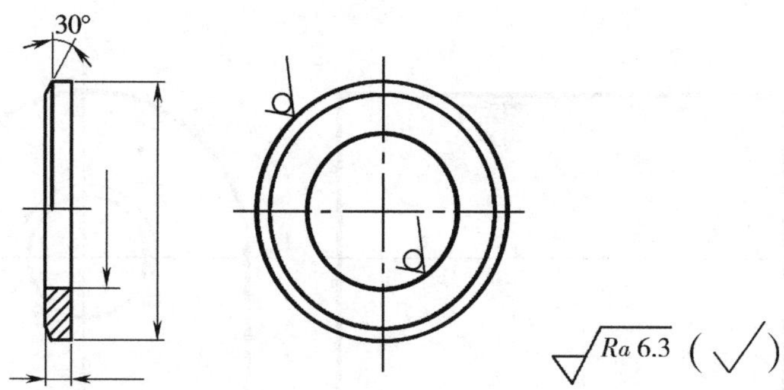

规定标记________________

76. 按已知条件画出螺纹和螺纹紧固件联接的两视图，并标注尺寸。

（1）在直径16mm、长50mm的圆柱杆上车削普通螺纹，螺距为2mm，螺纹部分长22mm，倒角宽度为2mm。

（2）已知机件上有一M16的螺孔，螺纹深30mm，钻孔深34mm，画出螺孔的剖视图。

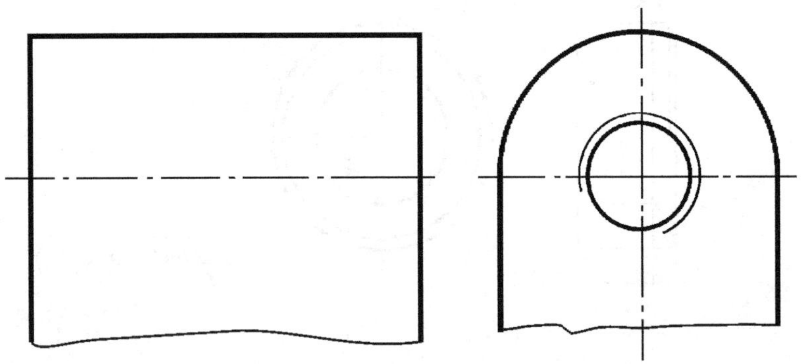

（3）将题（1）之螺杆旋入题（2）之螺孔中（旋紧为止），画出它们的联接装配图，并作出*A—A*剖视图。

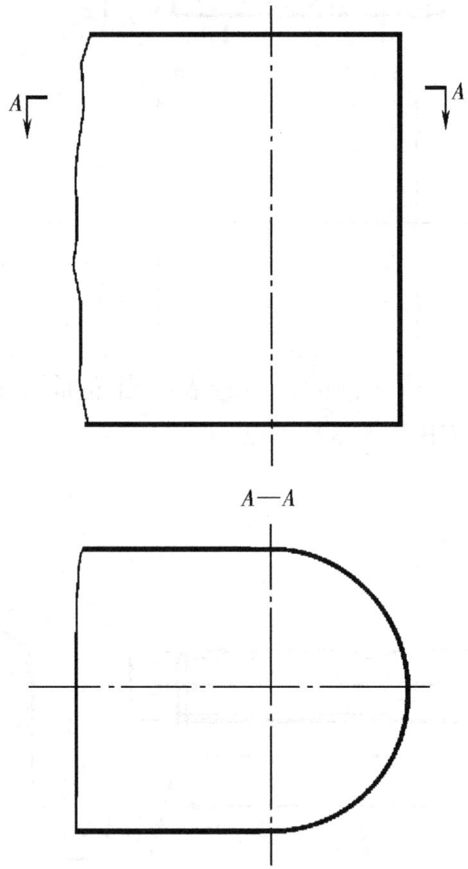

班级　　姓名

77. 用螺纹规格为 M16 的六角头螺栓（GB/T 5782—2000）和配套的平垫圈（GB/T 97.1—2002）、1 型六角螺母（GB/T 6170—2000）联接厚度分别为 15mm 和 20mm 的两块钢板，按简化画法画出其三视图，其中主视图和左视图画成剖视图。

78. 根据装配示意图和零件图，在 A3 图纸上按 1:1 的比例绘制千斤顶的装配图。

千斤顶使用说明：

当逆时针方向转动旋转杆 4 时，起重螺杆 2 即向上移动，将顶盖 5 上的重物顶起。

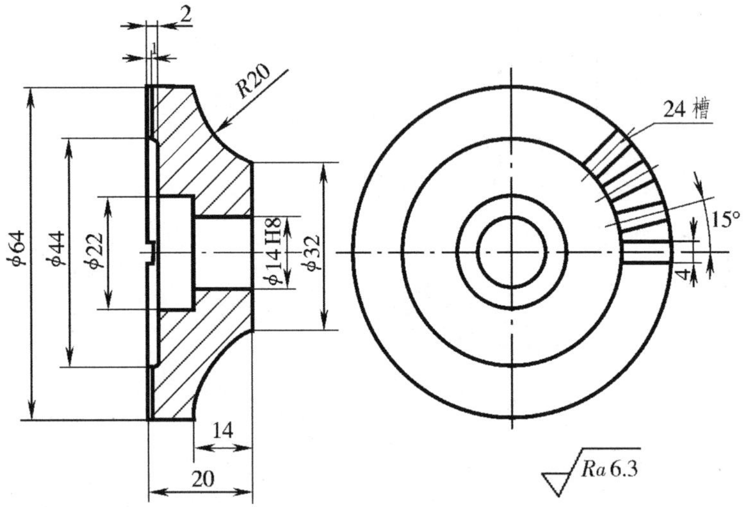

顶盖	比例	1:1	序号	5
	件数	1	材料	45

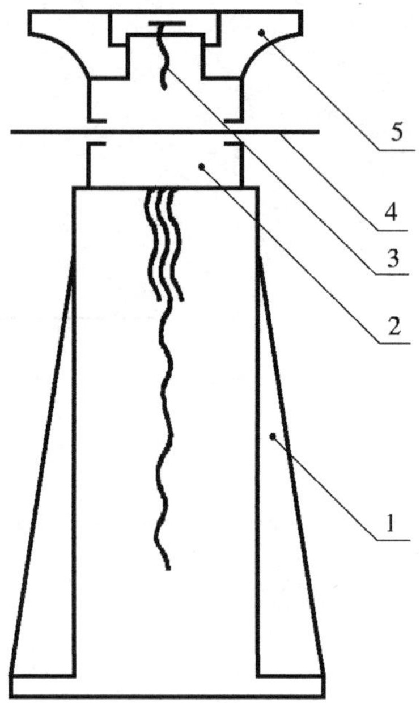

千斤顶装配示意图

5	顶盖	1	45	
4	旋转杆	1	45	
3	螺钉	1	30	
2	起重螺杆	1	45	
1	底座	1	HT300	
序号	名 称	数量	材 料	备 注

千斤顶		比例		(图 号)
		数量		
制图	(日期)	重量	共 张	第 张
描图	(日期)	(校 名)		
审核	(日期)			

 班级 姓名

装配图

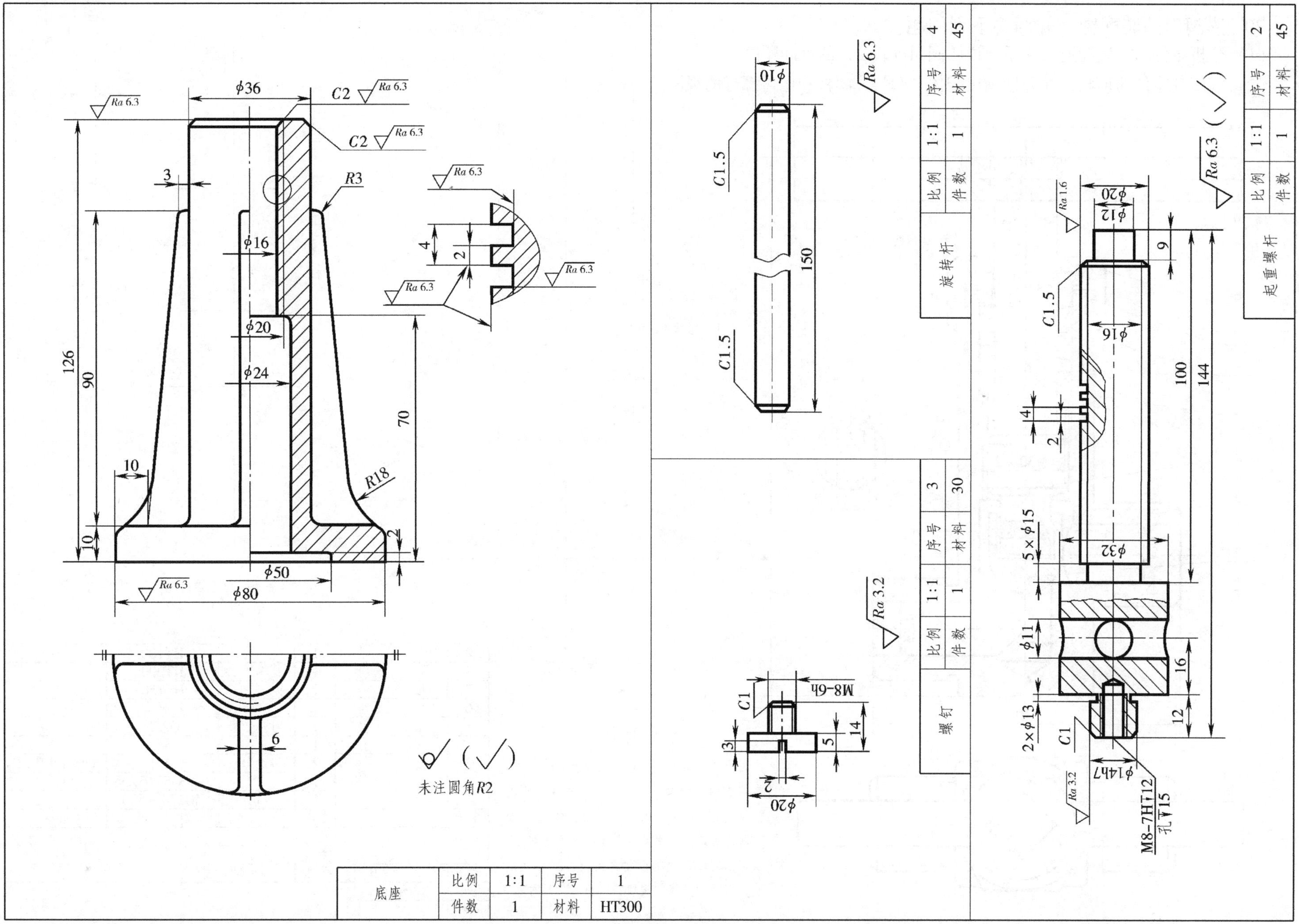
未注圆角R2
底座 比例 1:1 序号 1 件数 1 材料 HT300
旋转杆 比例 1:1 序号 4 件数 1 材料 45
螺钉 比例 1:1 序号 3 件数 1 材料 30
起重螺杆 比例 1:1 序号 2 件数 1 材料 45

班级　　姓名

79. 读阀门的装配图，并回答下列问题：

（1）分析零件间的装配连接关系，说明阀门（件 2）的拆卸顺序。

（2）读懂各零件的形状，并分别画出壳体、阀门、阀杆和压盖螺母的视图。

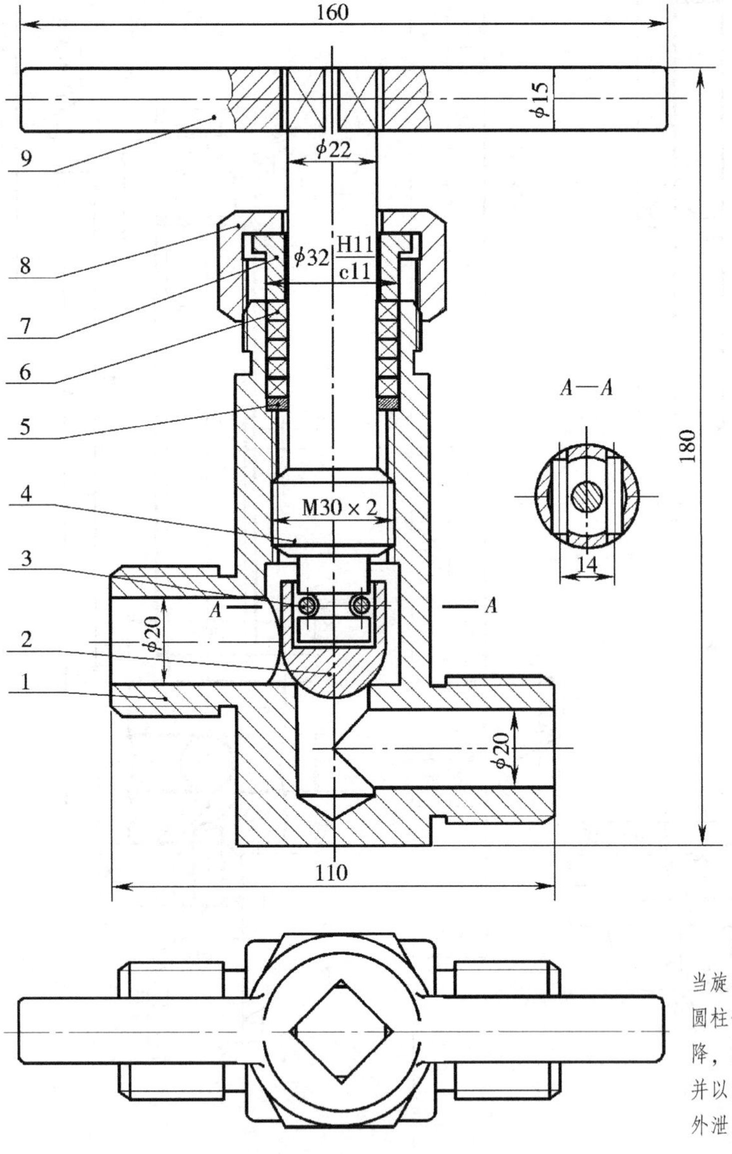

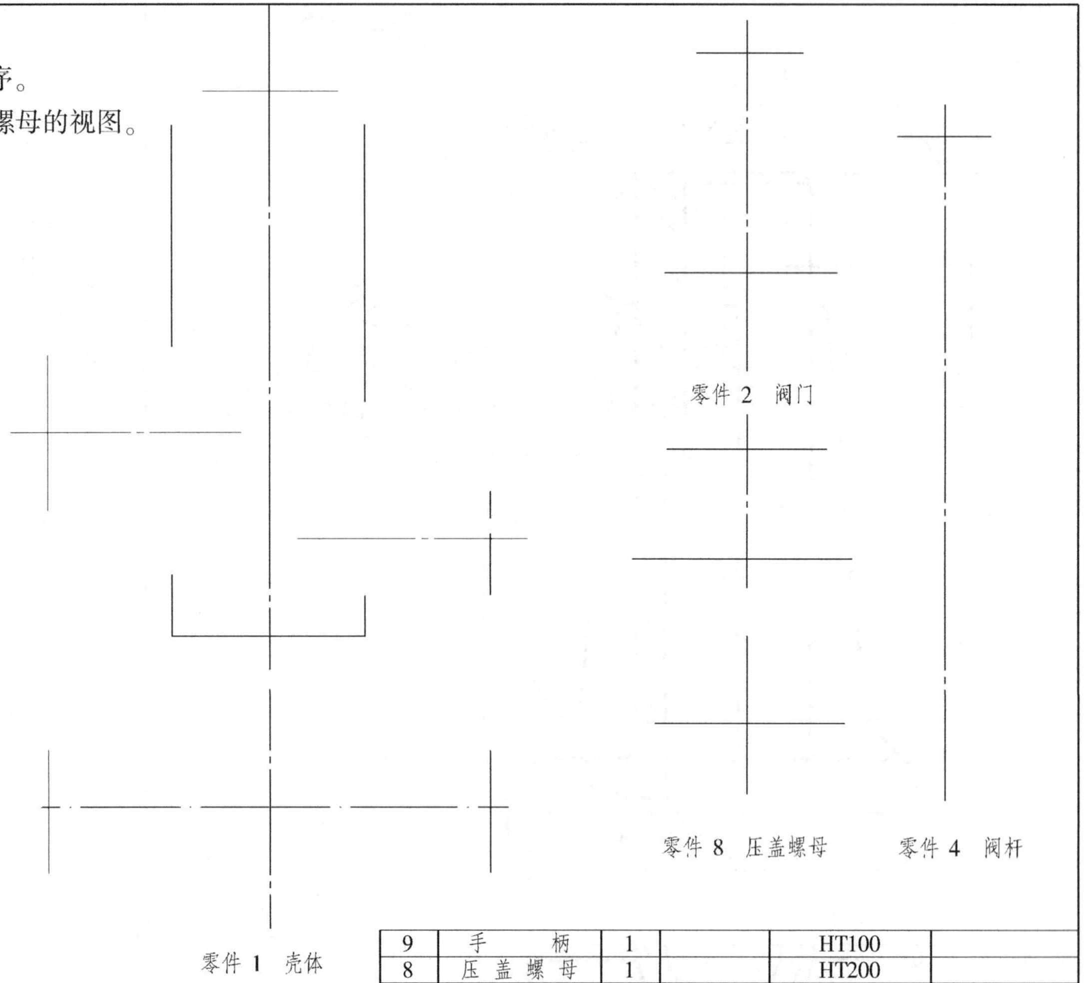

工 作 状 况

阀门是控制流体流量和流动方向的部件。当旋转手柄（件 9）时，阀杆（件 4）通过圆柱销（件 3）带动阀门（件 2）上升或下降，以开启或关闭壳体（件 1）内部的通路，并以阀门的开启大小控制流量。为防止流体外泄，阀杆与壳体间用填料（件 6）密封。

序号	名称	数量	规格	材料	图号或标准号
9	手柄	1		HT100	
8	压盖螺母	1		HT200	
7	压盖	1		HT150	
6	填料			石棉绳	
5	圆盘	1		Q235	
4	阀杆	1		45	
3	圆柱销	2	4×18	45	GB/T 119.1
2	阀门	1		ZCuSn5Pb5Zn5	
1	壳体	1		ZG270—500	

阀 门			比例		（图 号）
			数量		
制图		（日期）	重量	共 张	第 张
描图		（日期）	（校 名）		
审核		（日期）			

80. 画出斜截四棱锥的表面展开图。

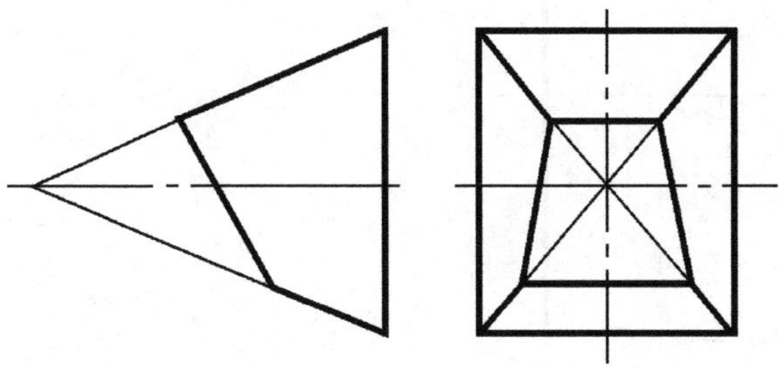

81. 在右侧料板上画出制作直角弯管接头的模板。

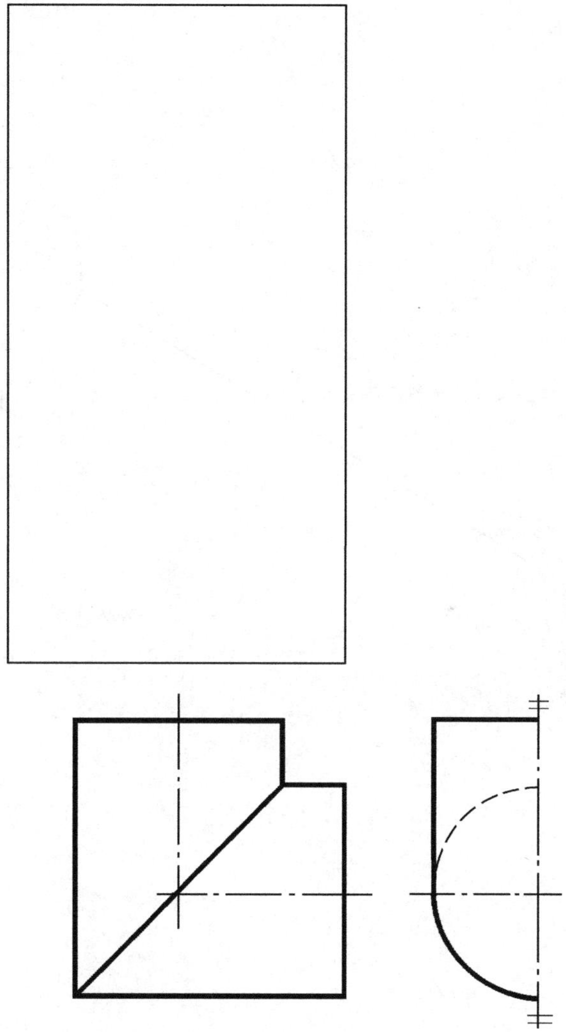

班级　　　　姓名

82. 画出斜交三通管接头的两管表面展开图。

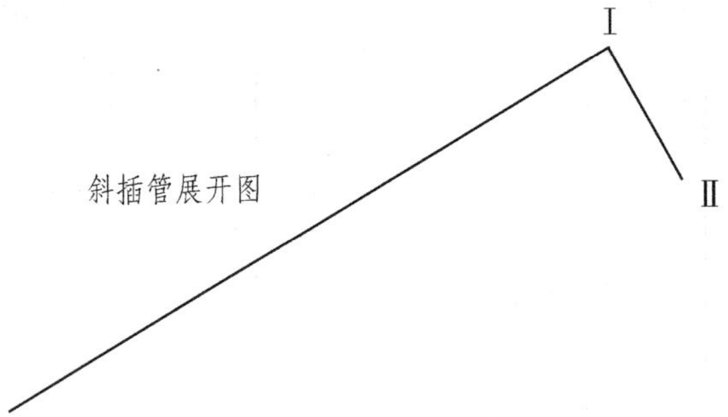

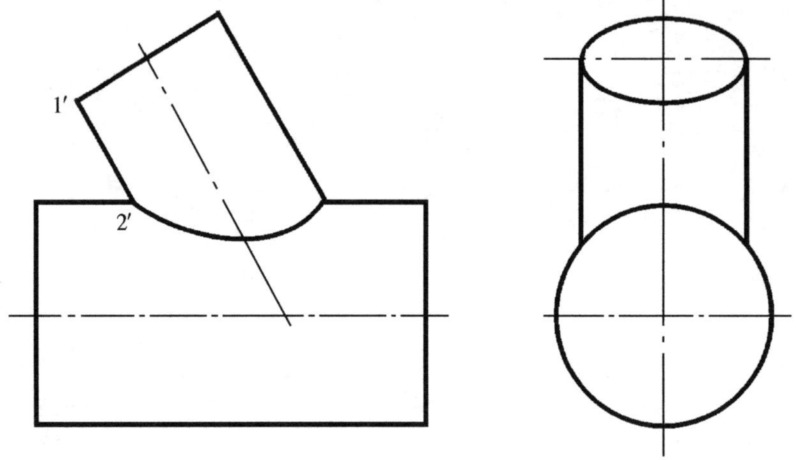

水平管展开图（局部）

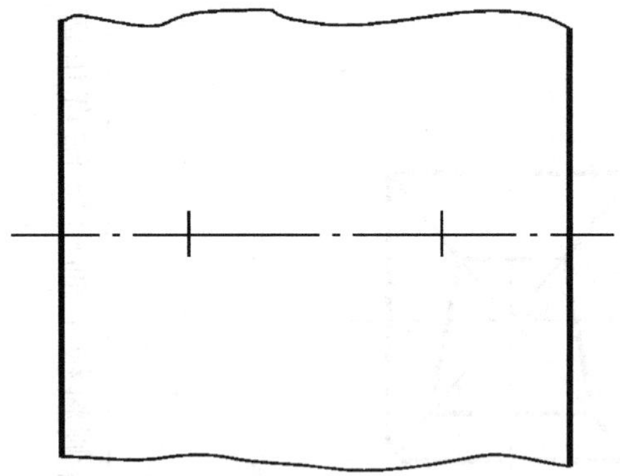

班级　　　　　　　　　　姓名

83. 阅读下图，解释图中所示焊缝标注。

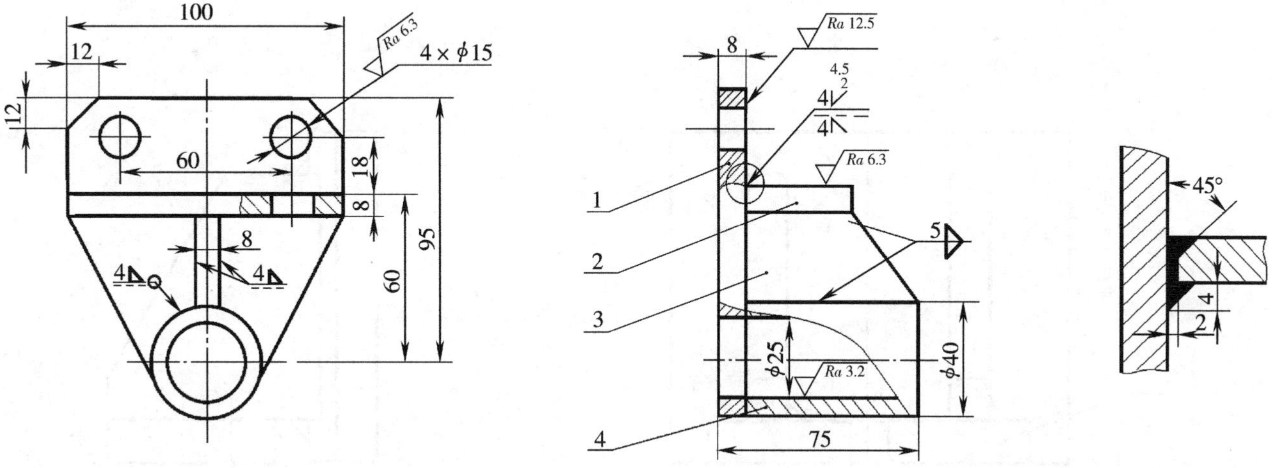

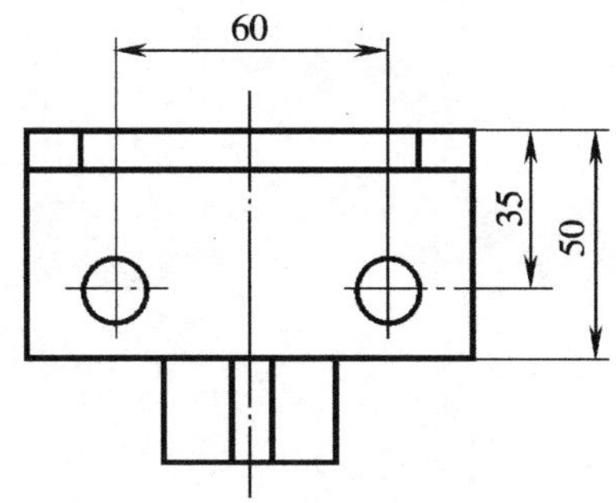

技 术 要 求

1. 焊缝均采用手工电弧焊；
2. 切割边缘表面粗糙度 $\sqrt{Ra\ 12.5}$；
3. 所有焊缝不能有透熔蚀等缺陷。

4	圆筒		Q235	$\phi25\times\phi40\times67$
3	肋板		Q235	厚 8
2	横板		Q235	8×42×100
1	立板		Q235	厚 8
序号	名　称	数量	材　料	备　注

轴承挂架焊接图		比例		（图　号）
		数量		
制图	（日期）	重量	共　张	第　张
描图	（日期）	（校　　名）		
审核	（日期）			

84. 在支座上标注焊缝代号：

底板 1 与支撑板 2 之间采用焊条电弧焊双面角焊缝，焊脚高度为 8mm。

侧板 3 与支撑板 2 之间也采用焊条电弧焊，焊缝是周围角焊缝，焊脚高度为 6mm。

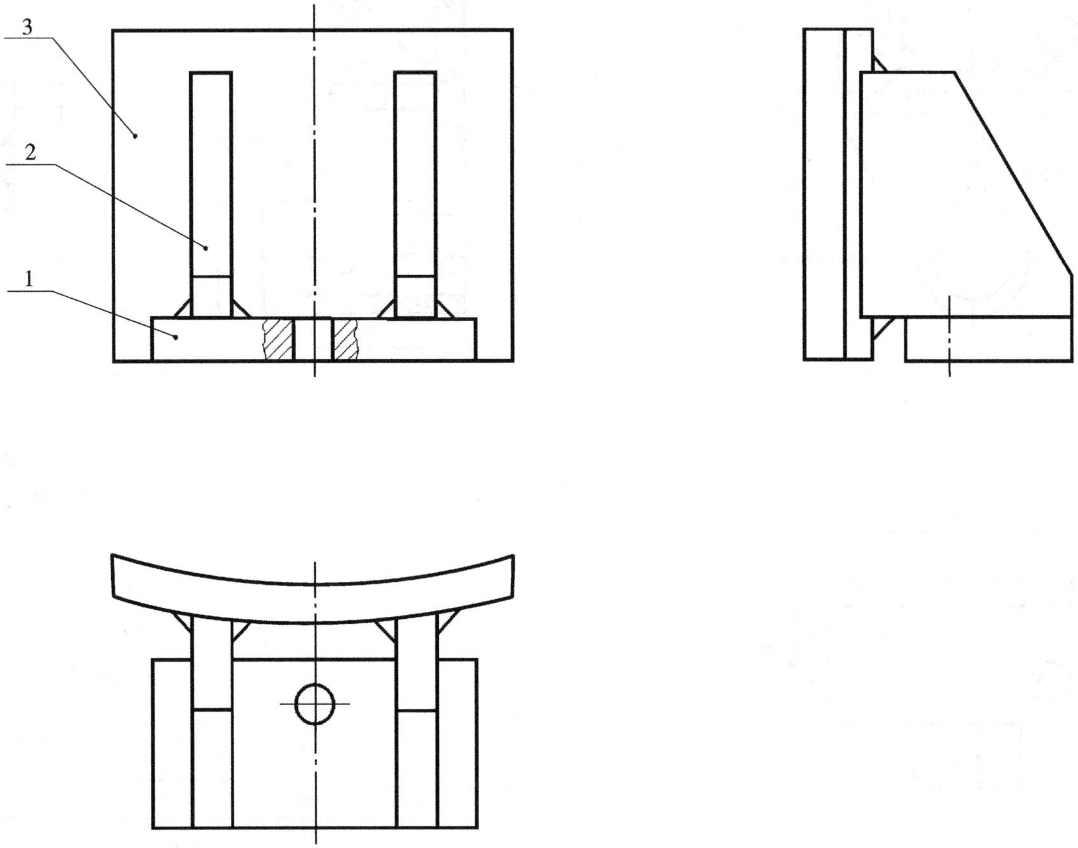

85. 补画建筑图投影

（1）画出 1—1 剖面图（门窗高及形式都相同）。

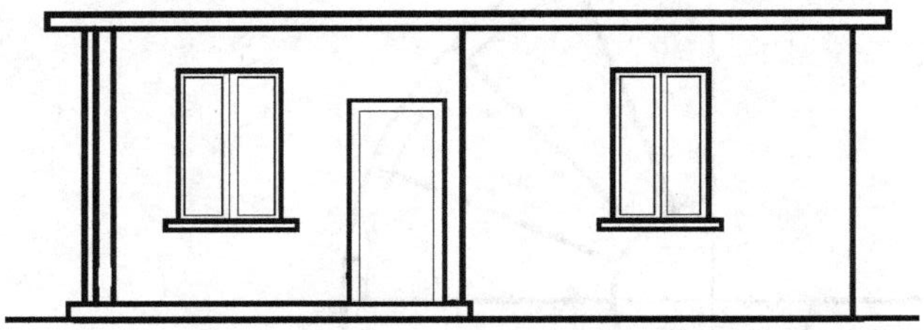

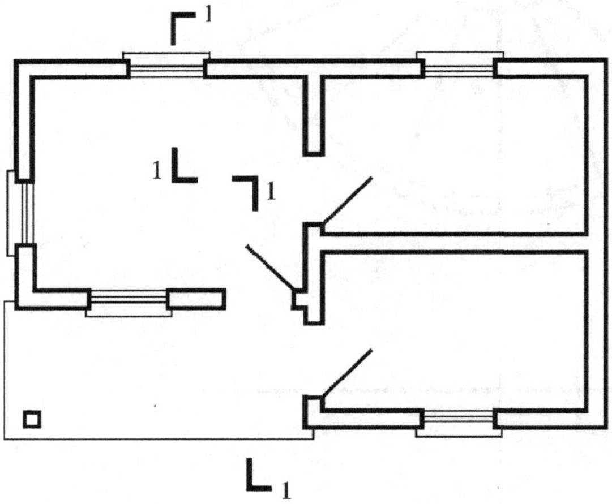

（2）画全局部平面图中的门、窗图例。

（3）在立面图中，门、窗用图例表示，如下图所示。在门、窗立面图中画出开启方向符号。

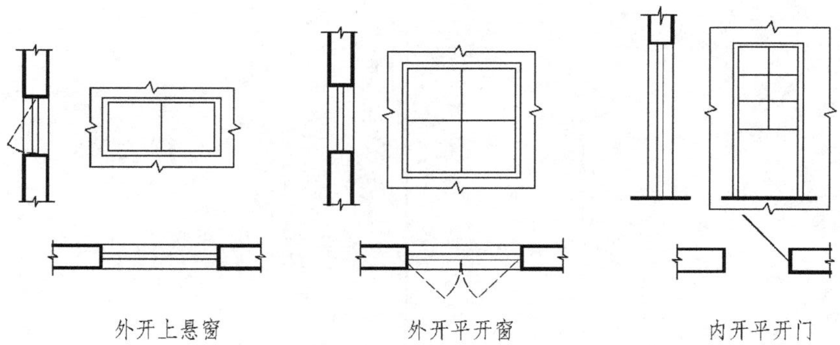

班级　　姓名

86. 求作螺旋楼梯的正面投影（只需画出地平线以上的可见投影，不画不可见投影，栏杆和扶手的可见投影画单线的中实线）。

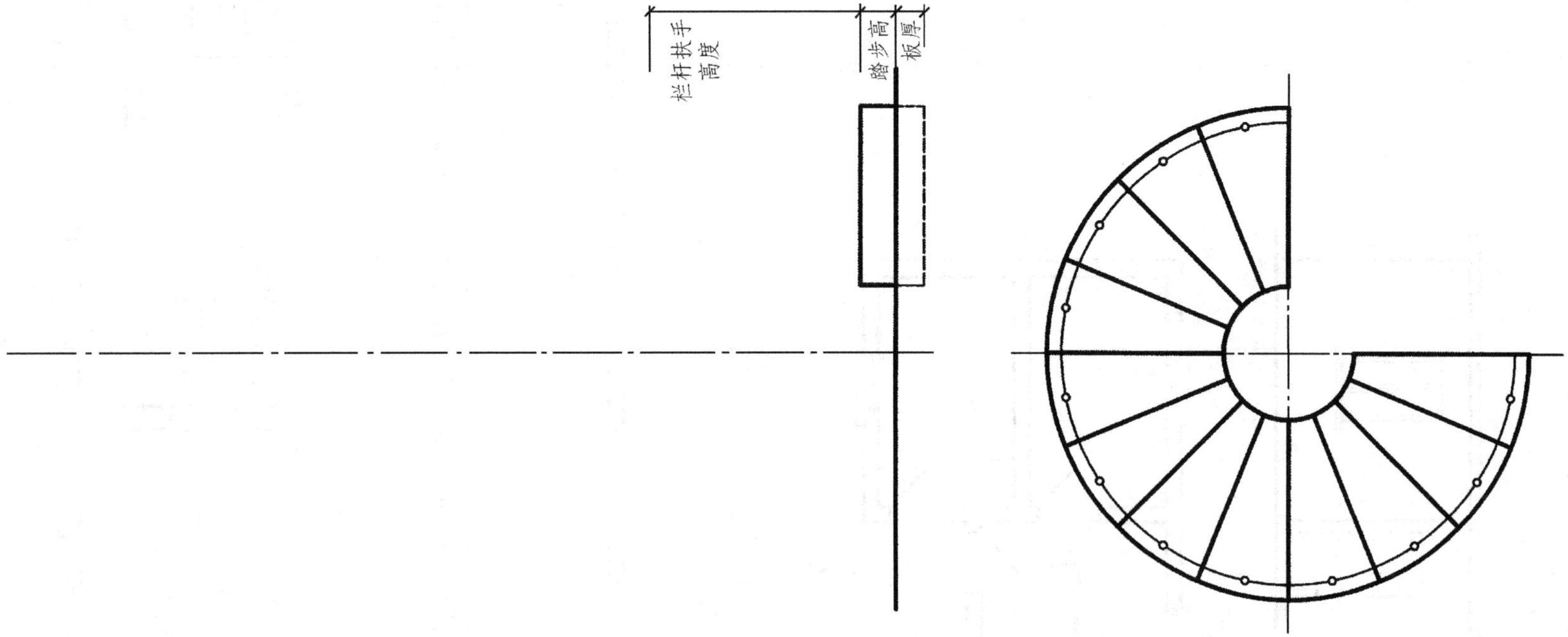

班级　　姓名

87. 阅读总平面图，将图中的有关图例名称填写在右侧图例的下方，并把各建筑物的层数和地面标高填入表内。

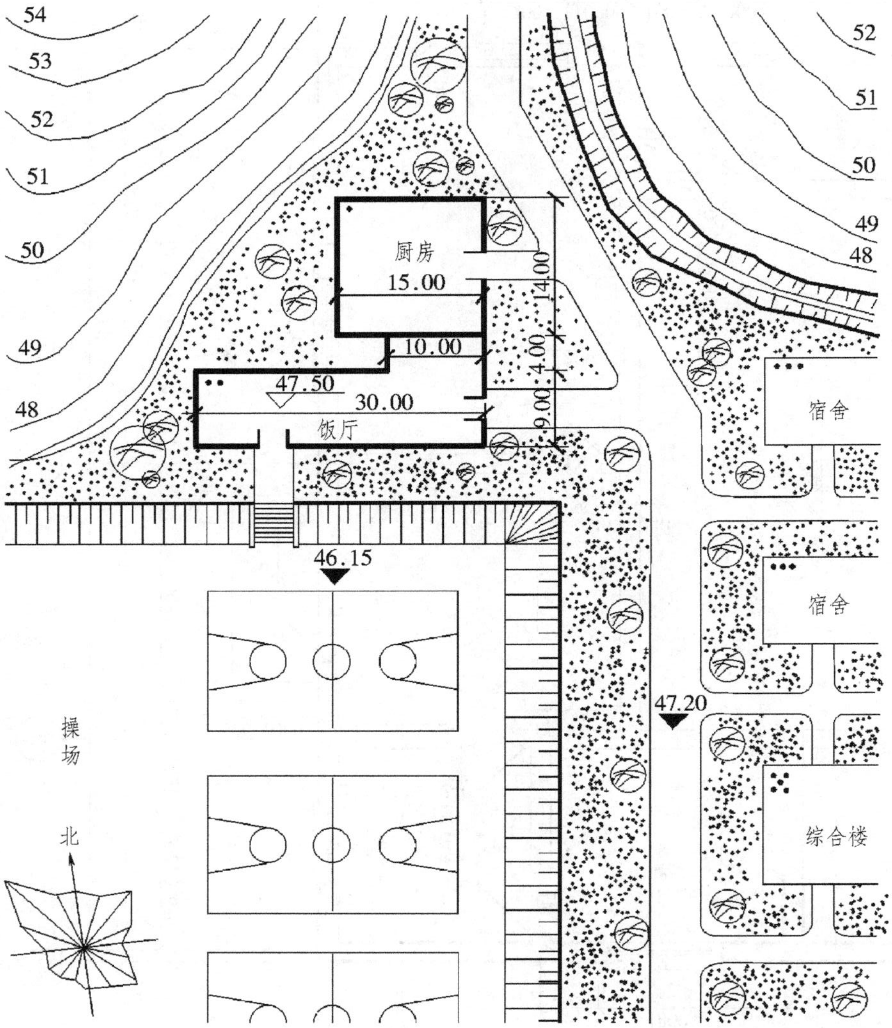

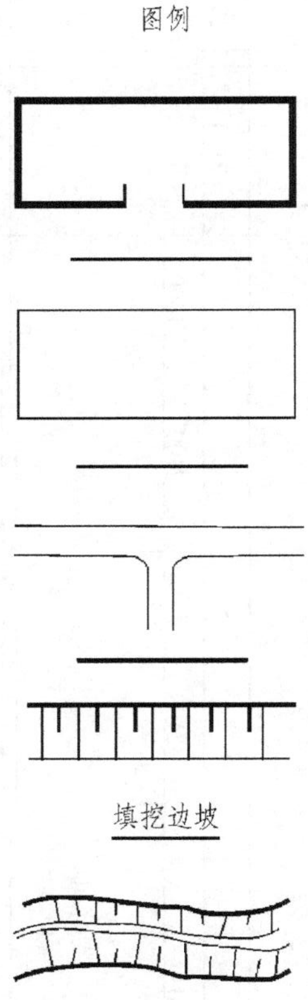

总平面图 1:100

名称	厨房	饭厅	综合楼	宿舍
层数				

名称	饭厅室内地坪	操场整平地坪	道路
标高			

88. 右图为某游泳池更衣区的建筑平面图。设进厅、更衣室、管理室等房间的室内地面标高为 ± 0.000。淋浴室的地面比它低 50mm；厕所的地面低 20mm；消毒池地面低 200mm；台阶顶面低 20mm；台阶的每级踏步高为 150mm；主机室的地面与进厅等高。

要求：

1. 按建筑平面图中各种图线的宽度要求，用铅笔进行加深。

2. 注全所有尺寸及标高，写全定位轴线编号。

3. 该更衣室出入口所在立面（外墙面）的朝向为南偏西 30°，在平面的右下角画上指北针。

4. 计算各房间的净面积，并填入下表。

名称	净长尺寸/m	净宽尺寸/m	净面积/m²
进厅			
淋浴室			
更衣室			
厕所			
主机室			
管理室			

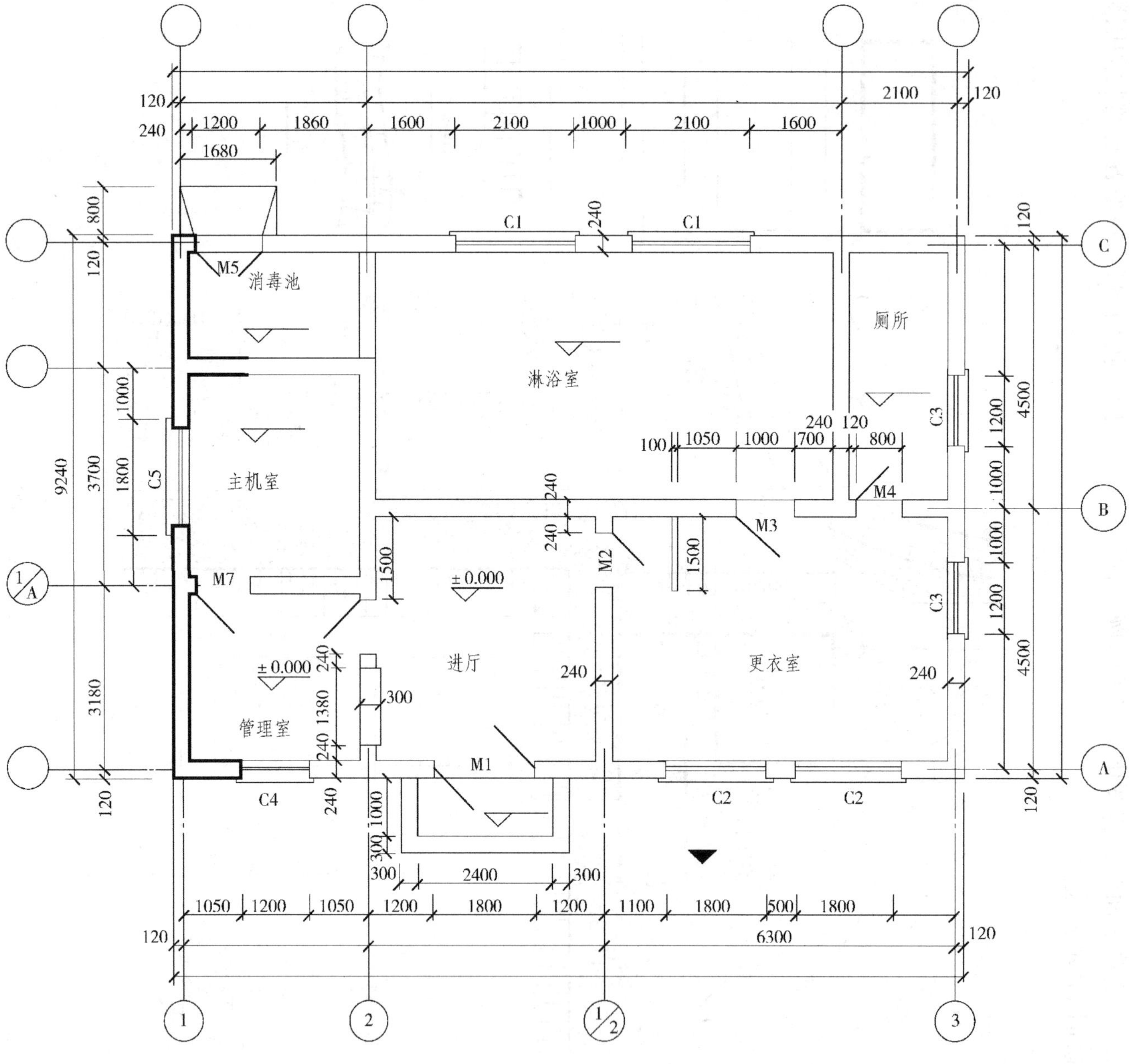

平面图 1:100

89. 建筑平面图的读识。

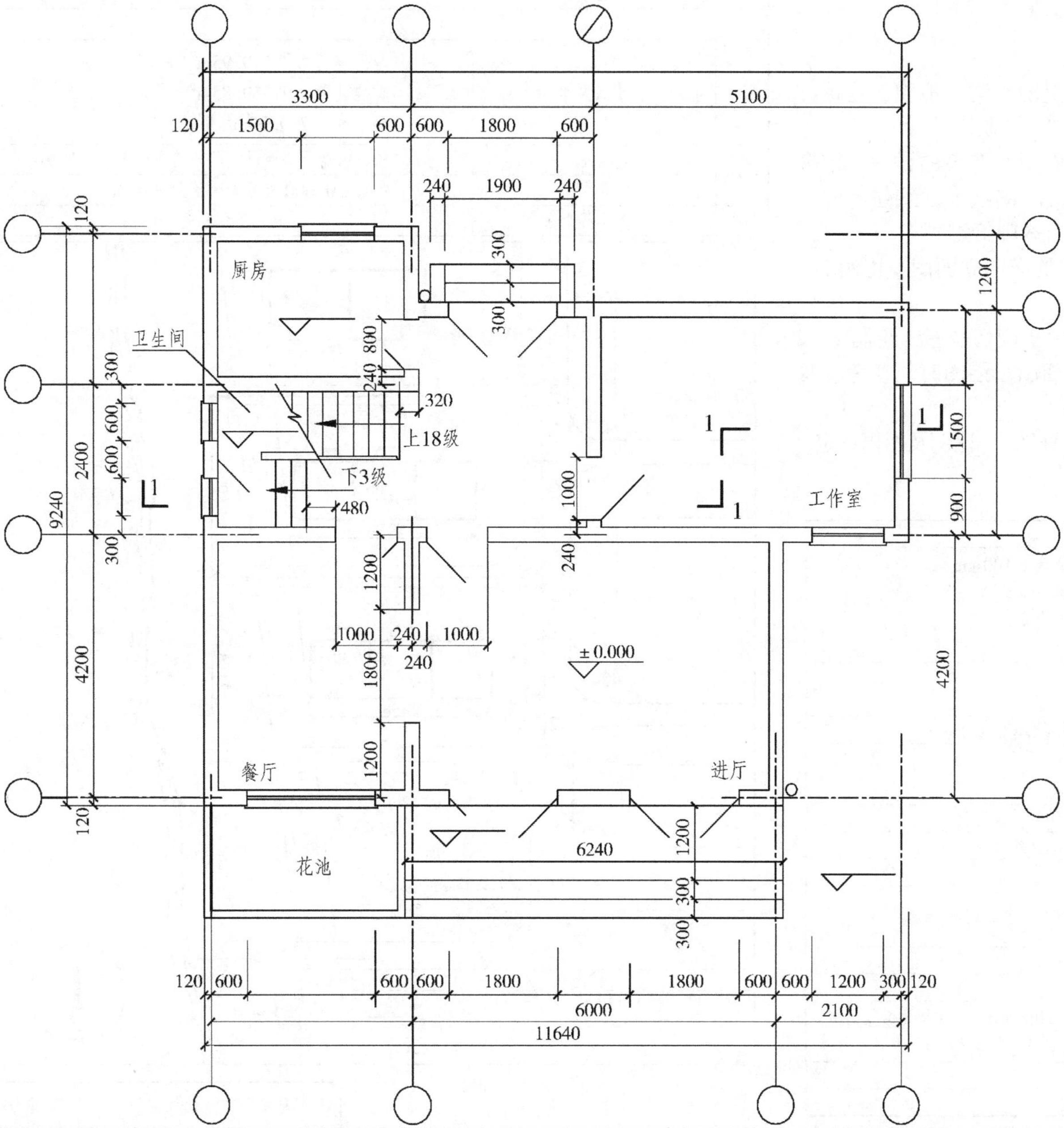

左图为某二层住宅的底层平面图的未完成图。已知进厅、餐厅、工作室和进厅的地面标高均为±0.000，厨房的地面比进厅地面低20mm，卫生间的地面比进厅地面低450mm，室外平台面比进厅地面低50mm，台阶的每一级踏步高为150mm。

要求：

1. 读懂该底层平面图的全部内容，并按平面图的线型要求用铅笔加深。

2. 注写定位轴线的编号，注全所有的尺寸及标高。

3. 如果该住宅的进厅门窗朝向是南偏东30°，在平面图的右下角画上指北针。

4. 计算房间的开间、进深、净宽、净长和净面积并填入表格。

名　称	进厅	餐厅	工作室	厨房
开间/m				
进深/m				
净宽/m				
净长/m				
净面积/m^2				

90. 已知条件：某甲型住宅的部分建筑施工图（建施01—06）。为节省图面，图样标题栏一律简化，只标图名及图号。

作业要求：

1. 阅读设计说明和总平面图，明确住宅建筑地域上的地物、地貌、建筑方位等。由工程做法表了解表中所列部位的工程做法。

2. 阅读住宅的一层平面图、二层平面图、屋顶平面图及有关的详图。结合建施03上的门窗表，了解住宅各门窗尺寸及数量。在A3图纸上抄绘住宅的一层平面图，比例1:100。细部尺寸请参阅有关详图（或由教师给定）。

3. 阅读住宅的各向立面图。在A3图纸上抄绘住宅的南向立面图，比例1:100。细部尺寸请参阅有关详图（或由教师给定）。

4. 阅读1—1剖面图。按照一层平面图所标注的2—2剖切位置，绘制2—2剖面图。剖切到的屋面及墙体只画轮廓线，如1—1剖面图。绘图时须参考墙身剖面详图、门窗表等有关图表。

5. 阅读楼梯详图，并抄绘楼梯详图（包括楼梯节点详图），比例及图幅自定。

工程做法表（节选）

序号	项目	名称	部位	做法
1	屋面	圆筒瓦屋面	屋顶	圆筒瓦灰泥垫灰最厚处100mm 油毡五层做法上铺鹅卵石 20mm 厚水泥砂浆找平层 钢筋混凝土板
2	楼地面	水磨石	楼梯　餐厅	
		水泥地面	起居室	在水泥地面上刷水泥107胶
			书房　卧室	在水泥地面上贴圈绒地毯（红色）
3	顶棚	混凝土板下抹纸筋灰面	卫生间　厨房 餐厅　大厅	
4	外墙	砖墙		100号机红砖，50号砂浆砌筑
5	内墙面		不包括厨、卫	石灰砂浆面、PVC壁纸面层
6	外墙面	水刷石墙面	檐口、雨棚	
		水泥砂浆作涂料面层		北外墙面涂料为浅奶黄色无机建筑涂料
7	墙裙	瓷砖墙裙	厨房　卫生间	白色瓷砖高1.5m
8	踢脚板	木踢脚板	起居室　卧室	
9	勒脚	陶板勒脚 （高600）		1:3水泥砂浆打底20mm厚　1:1水泥砂浆贴陶板　1:1水泥砂浆嵌缝　缝宽5mm
10	油漆	木质油漆		奶黄色
		金属件油漆		浅灰色

设计说明

1	工程名称	×　×　×　×　甲型住宅
2	工程编号	
3	建筑面积	单元建筑面积 119.95m^2/户 每幢建筑面积 359.85m^2 两幢合计 719.70m^2
4	建筑定位	以总平面图老干部活动中心外墙东北角为定位基点
5	建筑标高	±0.000 相当于大沽水平 4.300
6	抗震等级	按里氏震级8度设计

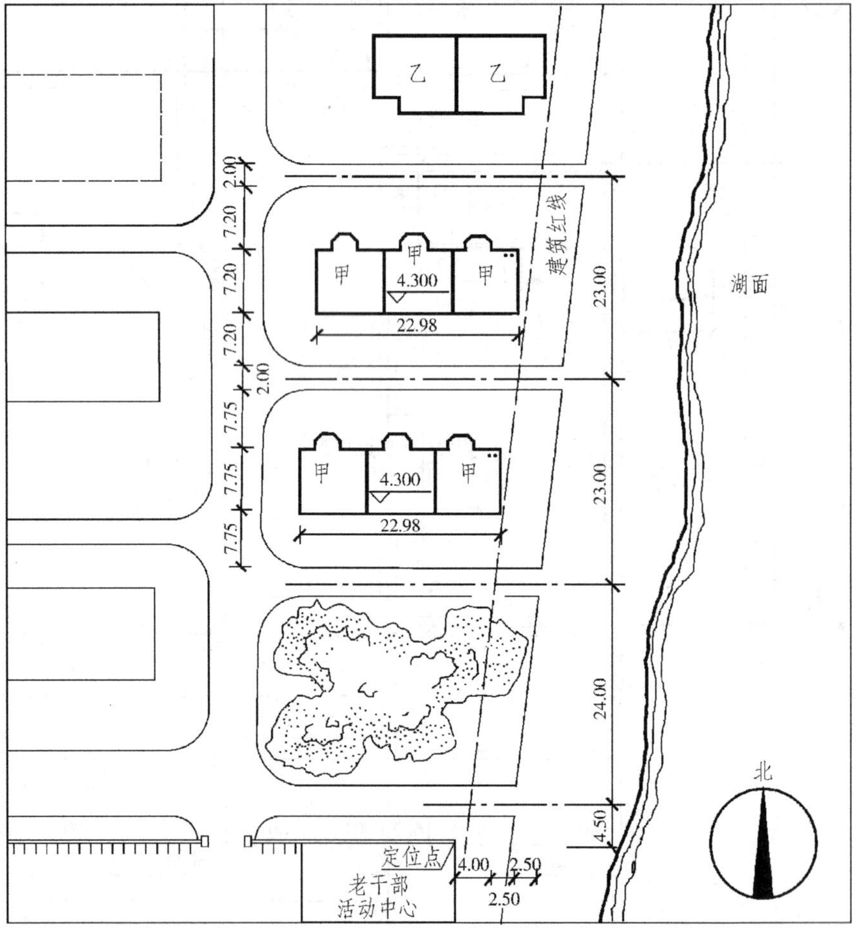

总平面图　设计说明	建施01

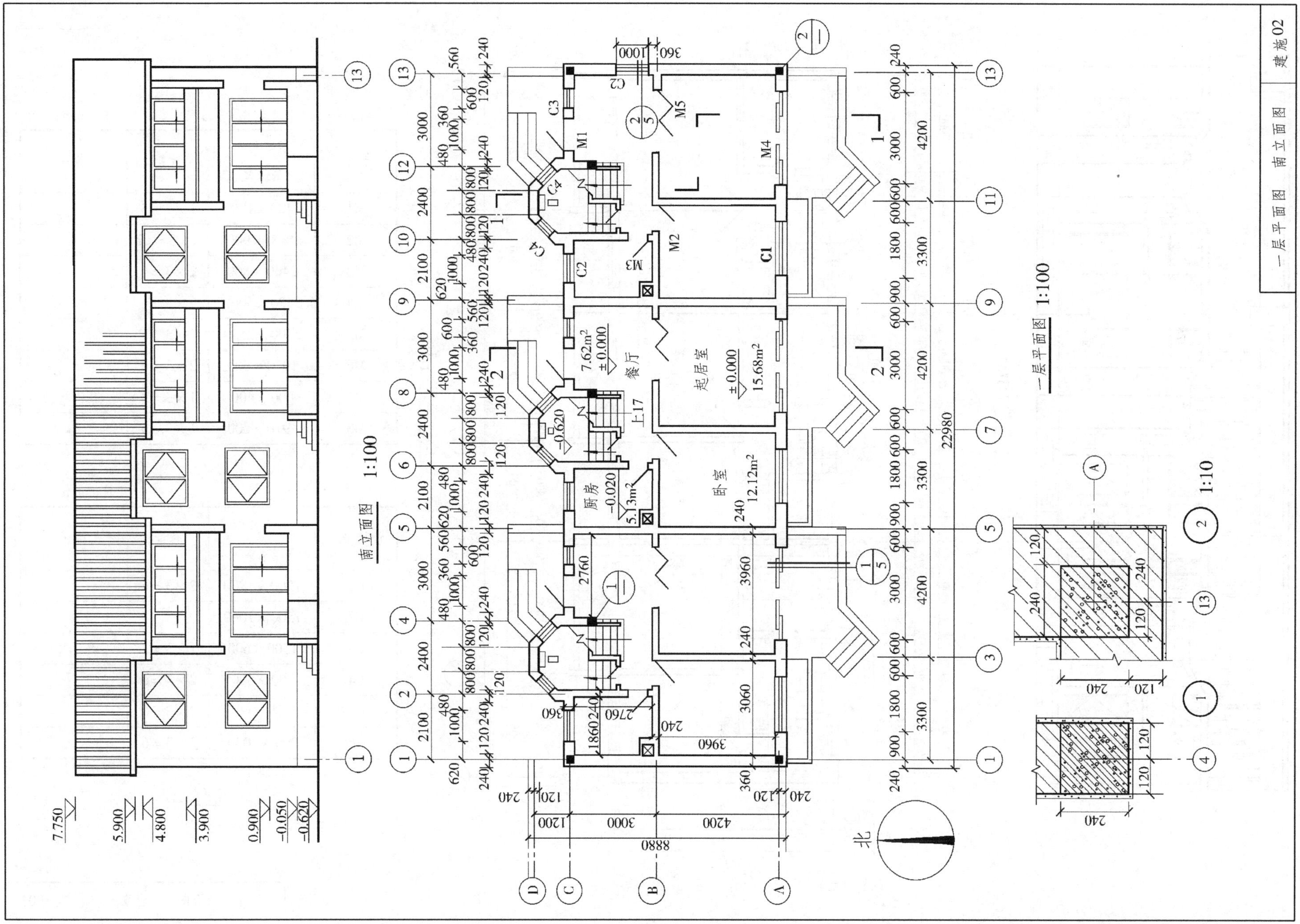

班级　　　　姓名

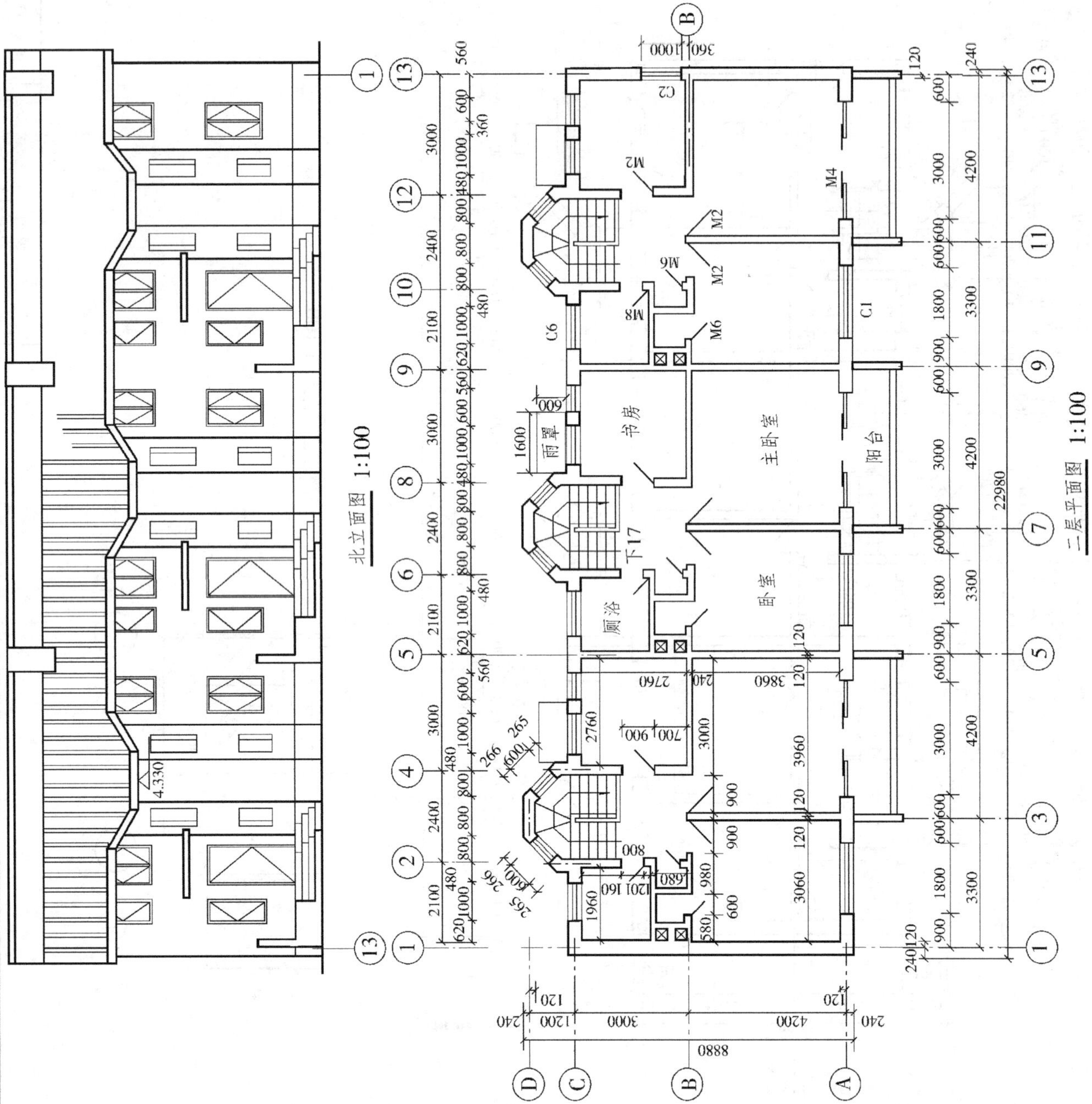

（单位：mm）

设计编号	洞口尺寸（高×宽）	数量	备注
M1	2400×1000	1×3=3	
M2	2400×900	4×3=12	
M3	2400×800	2×3=6	
M4	2400×3000	2×3=6	
M5	2400×2550	1×3=3	
M6	1970×600	2×3=6	
M7	800×400	1×3=3	
M8	1970×800	1×3=3	

（单位：mm）

设计编号	洞口尺寸（高×宽）	数量	备注
C1	1500×1800	2×3=6	
C2	1500×1000	5	
C3	1500×600	1×3=3	
C4	900×600	2×3=6	
C5	1200×600	2×3=6	
C6	900×1000	2×3=6	

门窗表

平、立面图 门窗表	建施 03

 班级 姓名

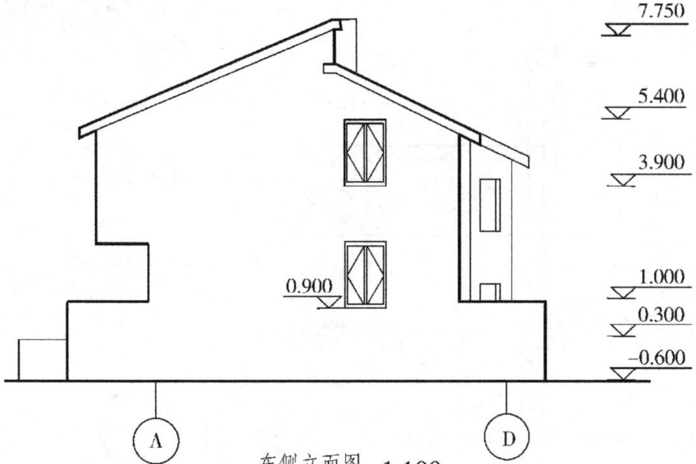

东侧立面图 1:100

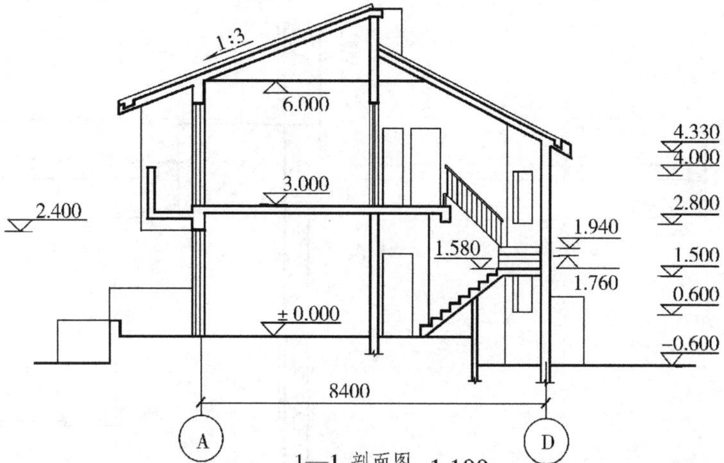

1—1 剖面图 1:100

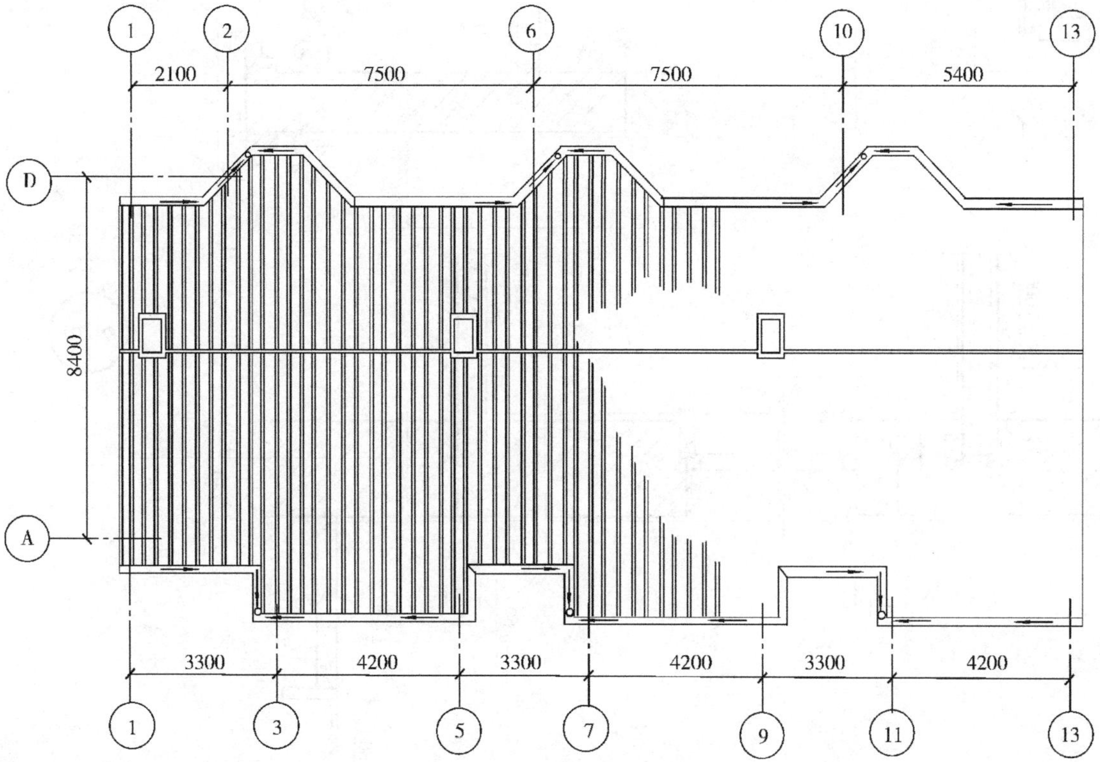

屋顶平面图 1:100

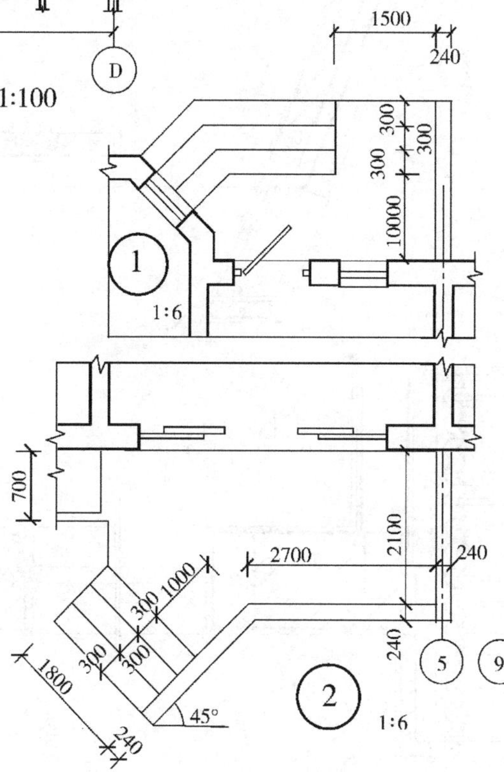

平、立、剖面图	建施 04

 班级 姓名

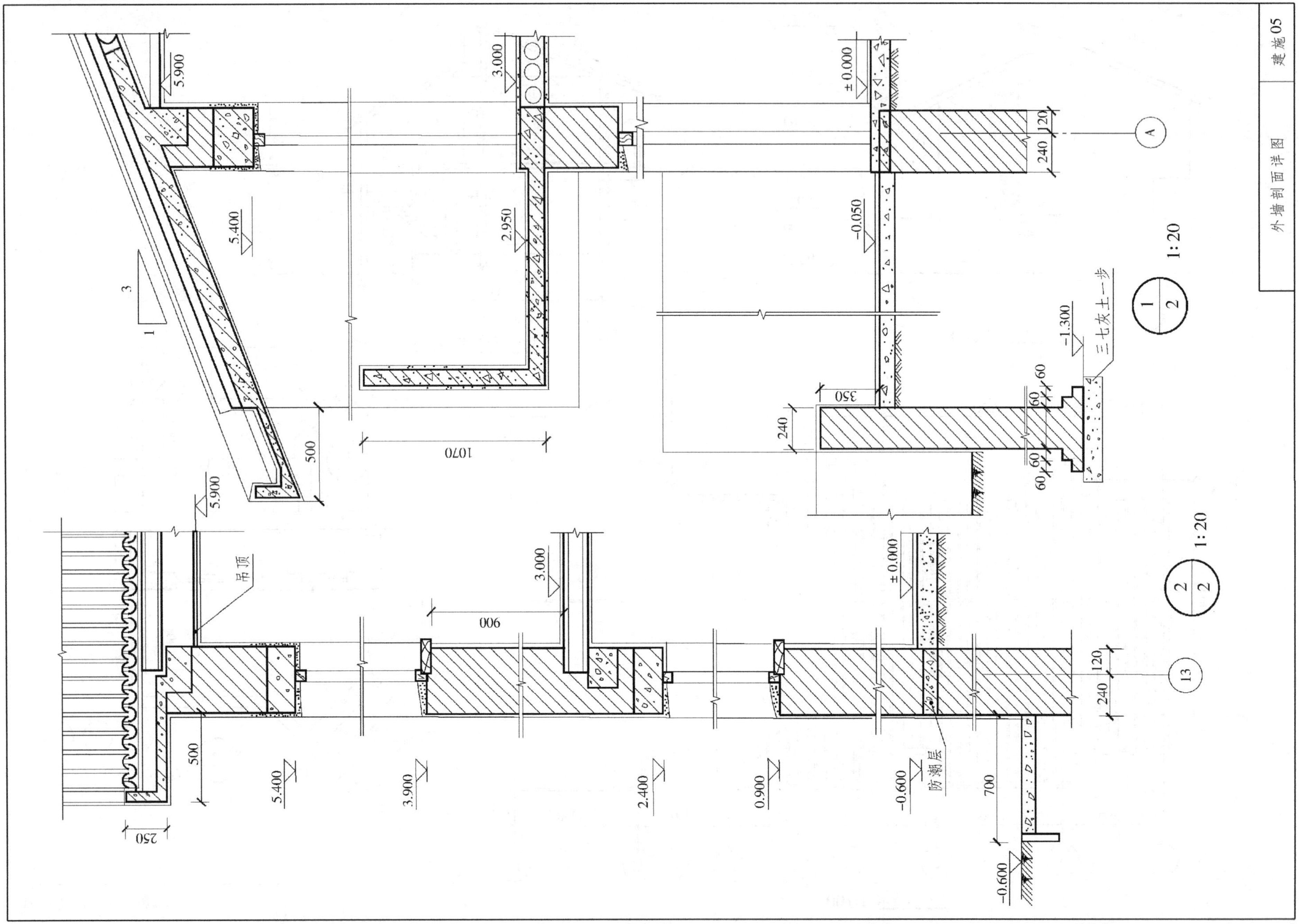
建施05
外墙剖面详图
1:20
1:20
三七灰土一步
吊顶
防潮层
5.900
5.400
3.000
2.950
±0.000
-0.050
-1.300
3.900
2.400
0.900
-0.600
1070
900
500
700
250
240
120
350
60

班级　　姓名

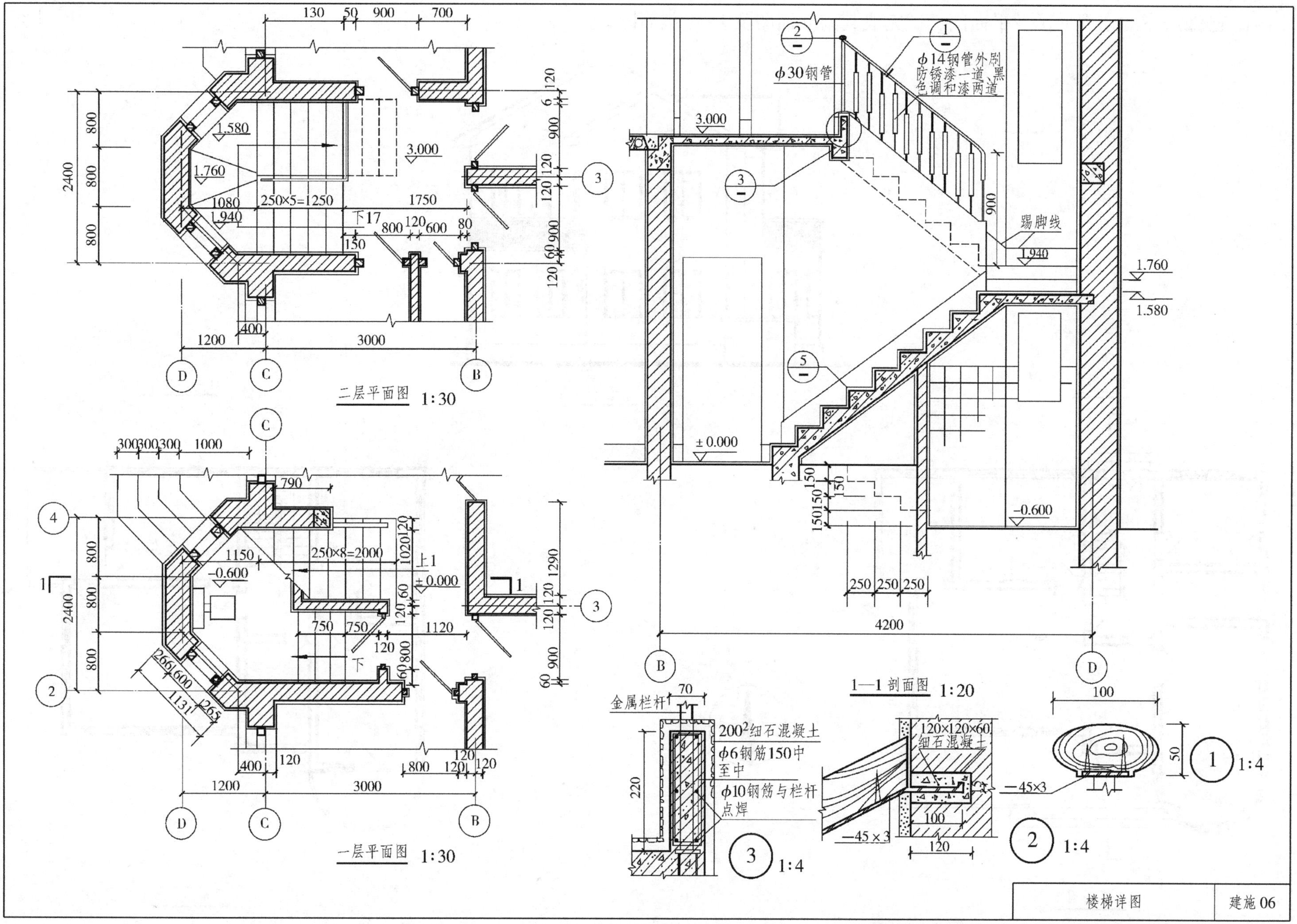
二层平面图 1:30
一层平面图 1:30
1—1 剖面图 1:20
ϕ30钢管
ϕ14钢管外刷防锈漆一道 黑色调和漆两道
踢脚线
金属栏杆
200²细石混凝土
ϕ6钢筋150中至中
ϕ10钢筋与栏杆点焊
120×120×60细石混凝土
楼梯详图
建施 06

班级 姓名

91. 已知房屋的东立面图及平面图，试完成其南立面图及 1—1 剖面图。

南立面图

东立面图

1—1 剖面图

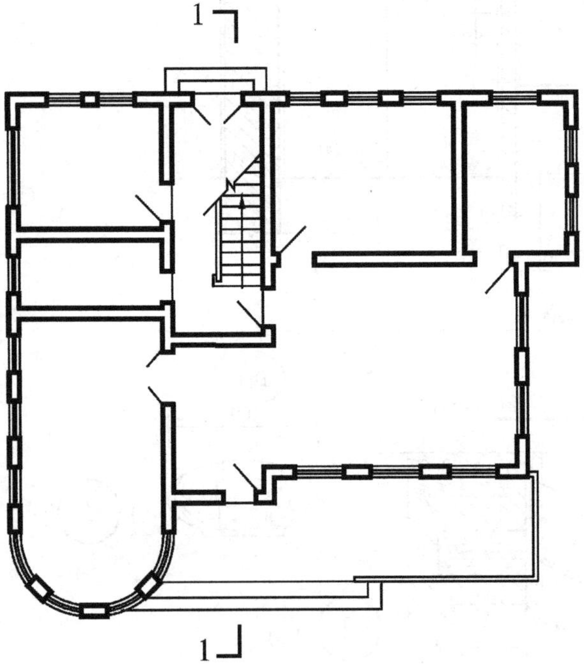

底层平面图

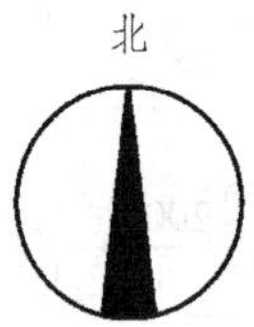

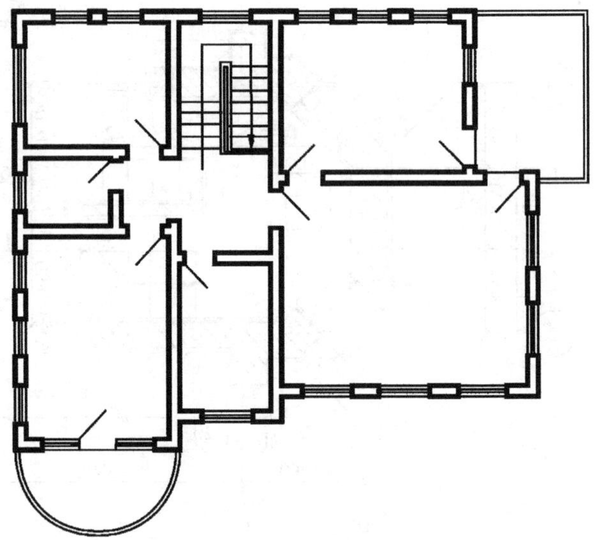

二层平面图

班级 姓名

92. 试根据楼梯剖面图，画全楼梯的各层平面图。

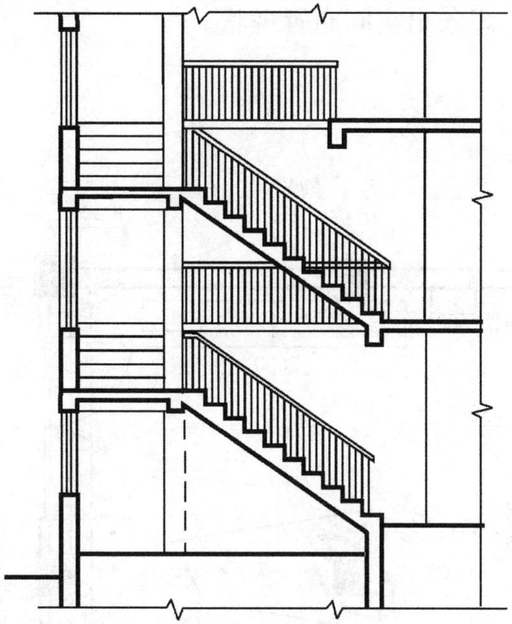

1—1 剖面图

2—2 剖面图

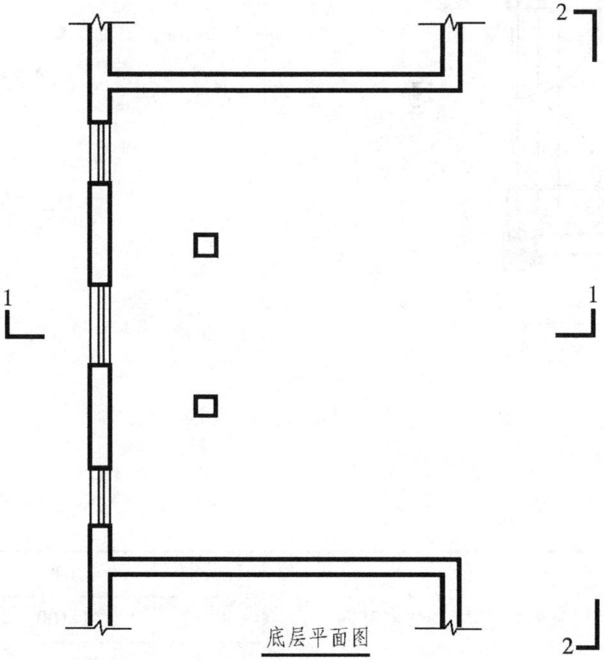

底层平面图

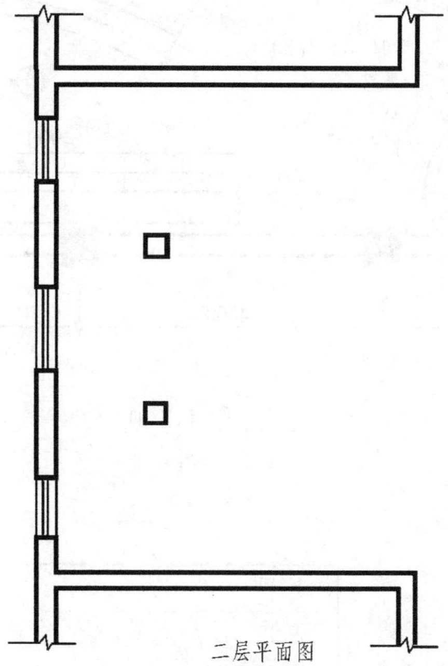

二层平面图

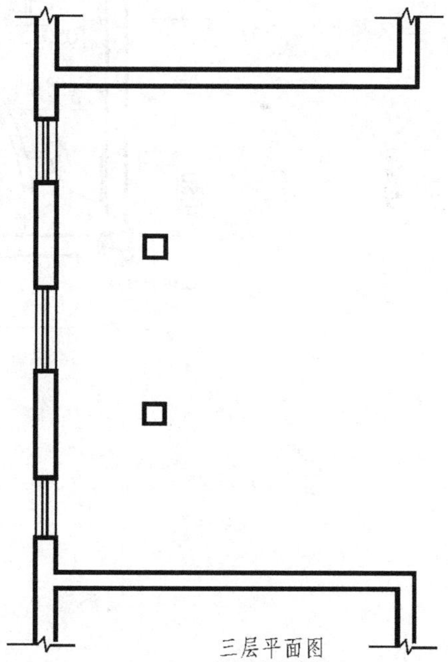

三层平面图

班级　　　　姓名

93. 阅读整套服装专卖店室内设计施工图（01 - 07 号图纸），想象出空间布置现状。

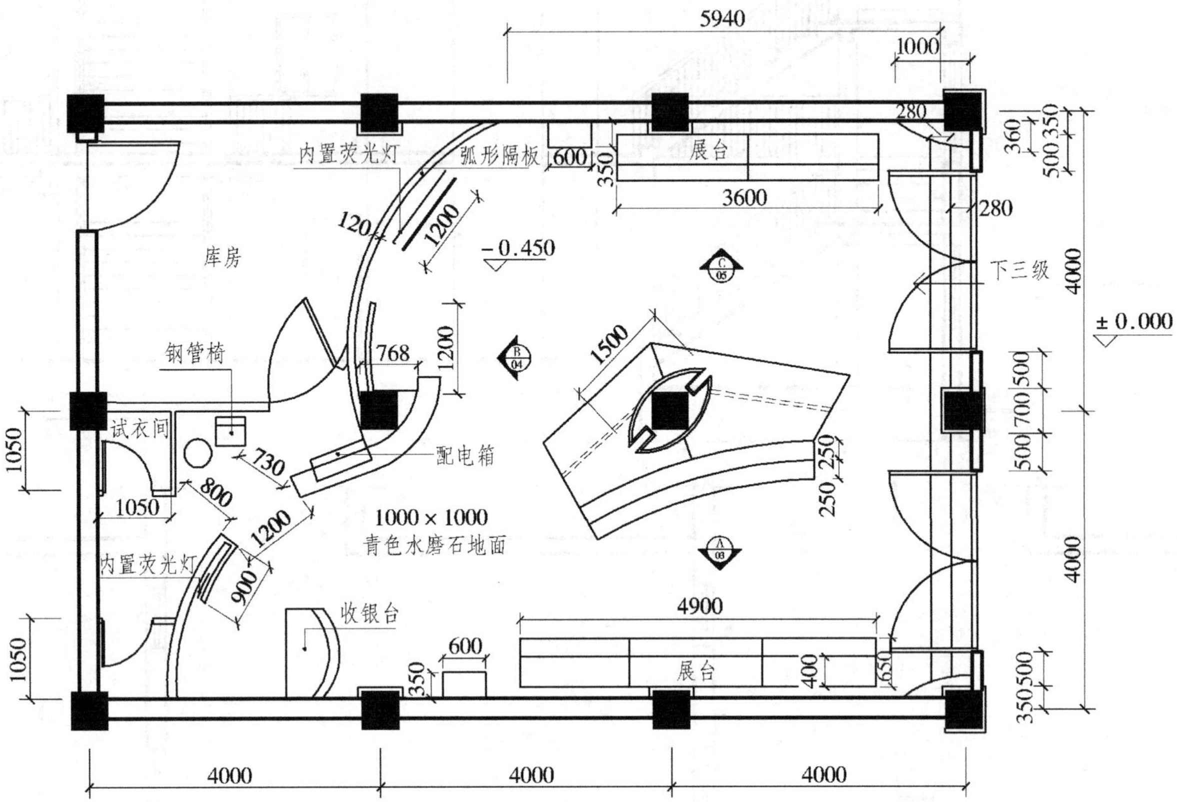

平面图 1:100

制 图		图 纸 内 容	服装专卖店平面布置图	图 号	01
描 图				比 例	1:100
校 对				日 期	2004. 10

 班级 姓名

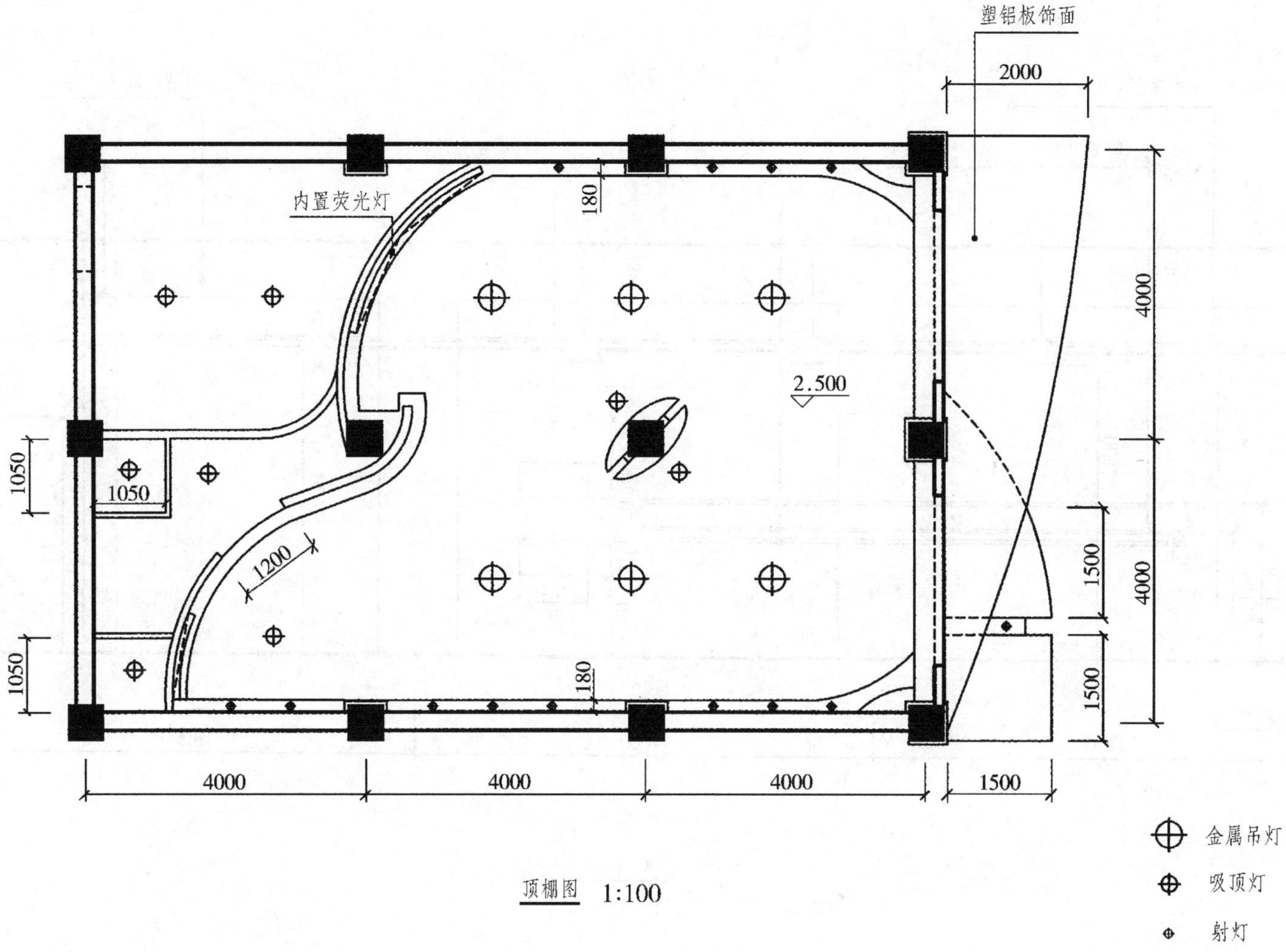

顶棚图 1:100

制 图		图 纸 内 容	服装专卖店顶棚布置图	图 号	02
描 图				比 例	1:100
校 对				日 期	2004. 10

 班级 姓名

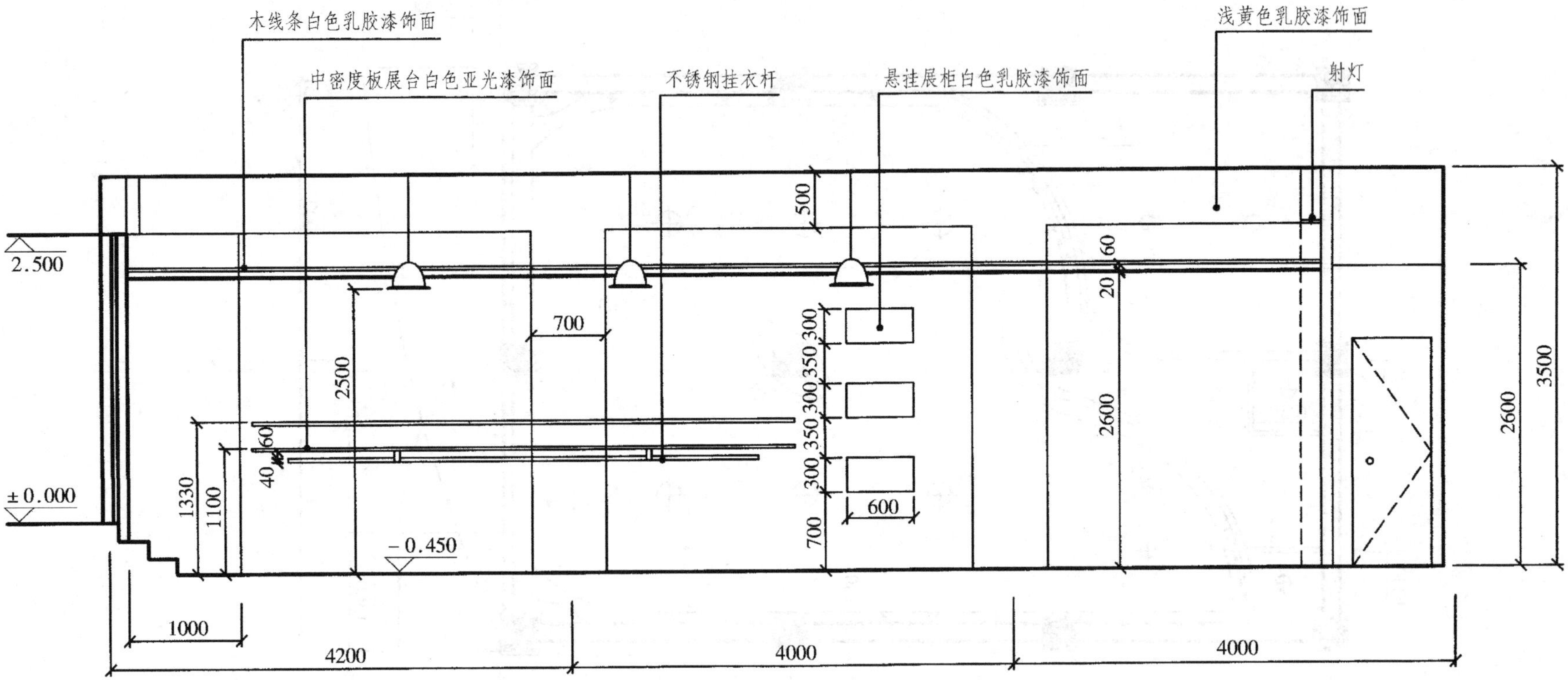

A 立面图 1:60

制 图		图 纸 内 容	服装专卖店立面布置图	图 号	03
描 图				比 例	1:60
校 对				日 期	2004. 10

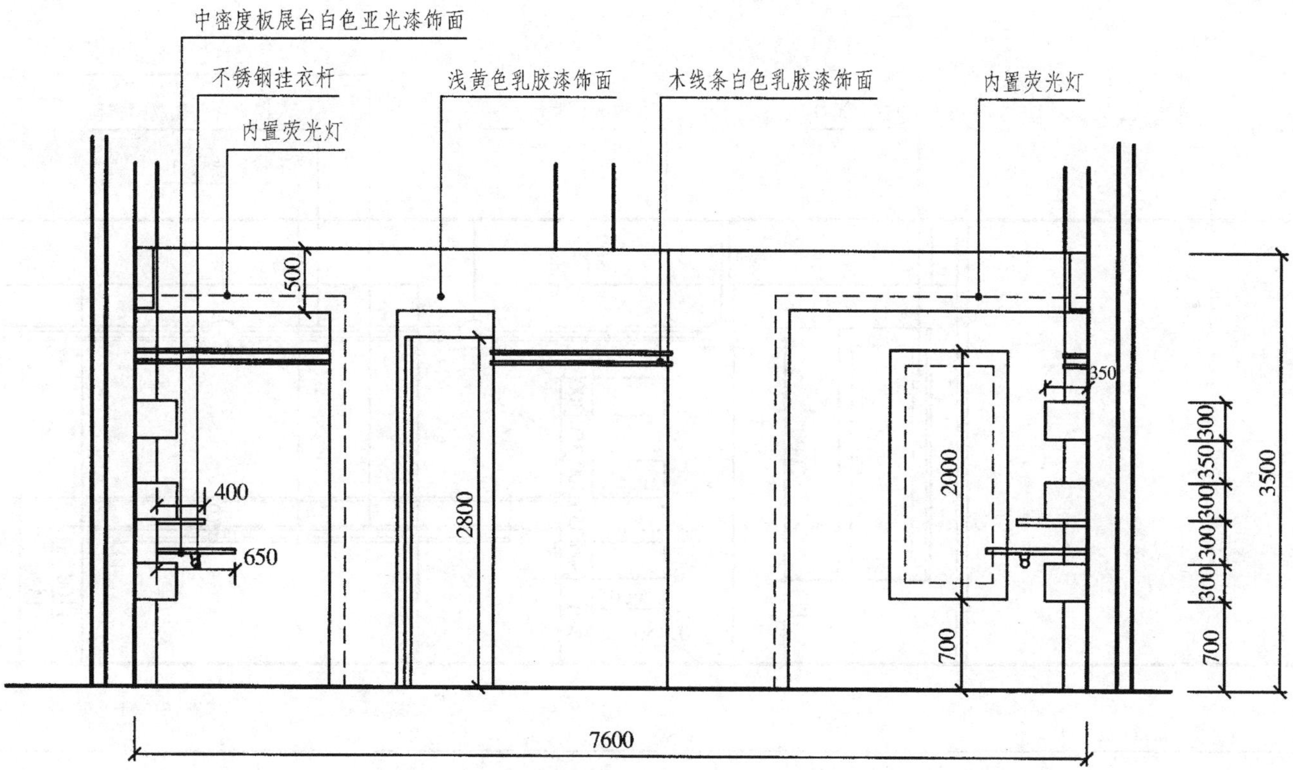

B 立面图　1:60

制 图		图 纸 内 容	服装专卖店立面布置图	图 号	04
描 图				比 例	1:60
校 对				日 期	2004. 10

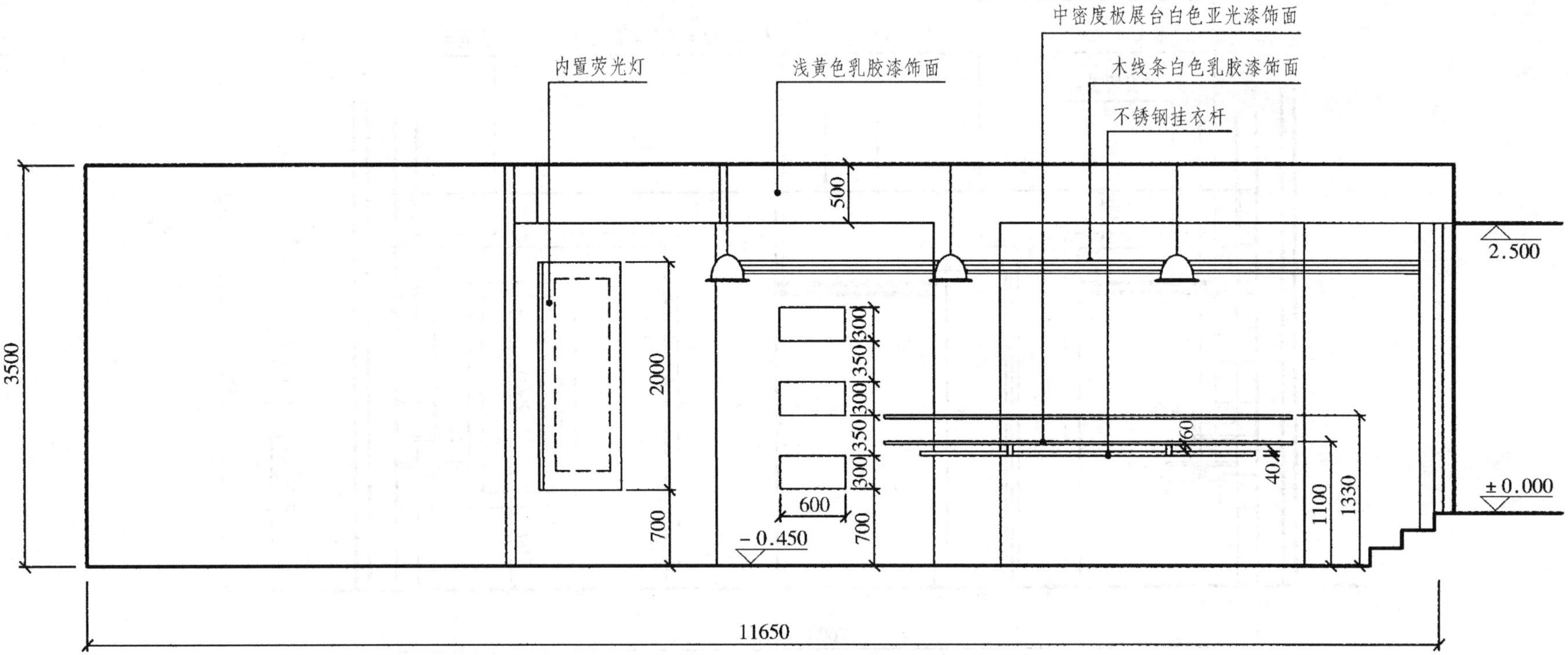

C 立面图 1:60

制 图		图 纸 内 容	服装专卖店立面布置图	图 号	05
描 图				比 例	1:60
校 对				日 期	2004. 10

 班级 姓名

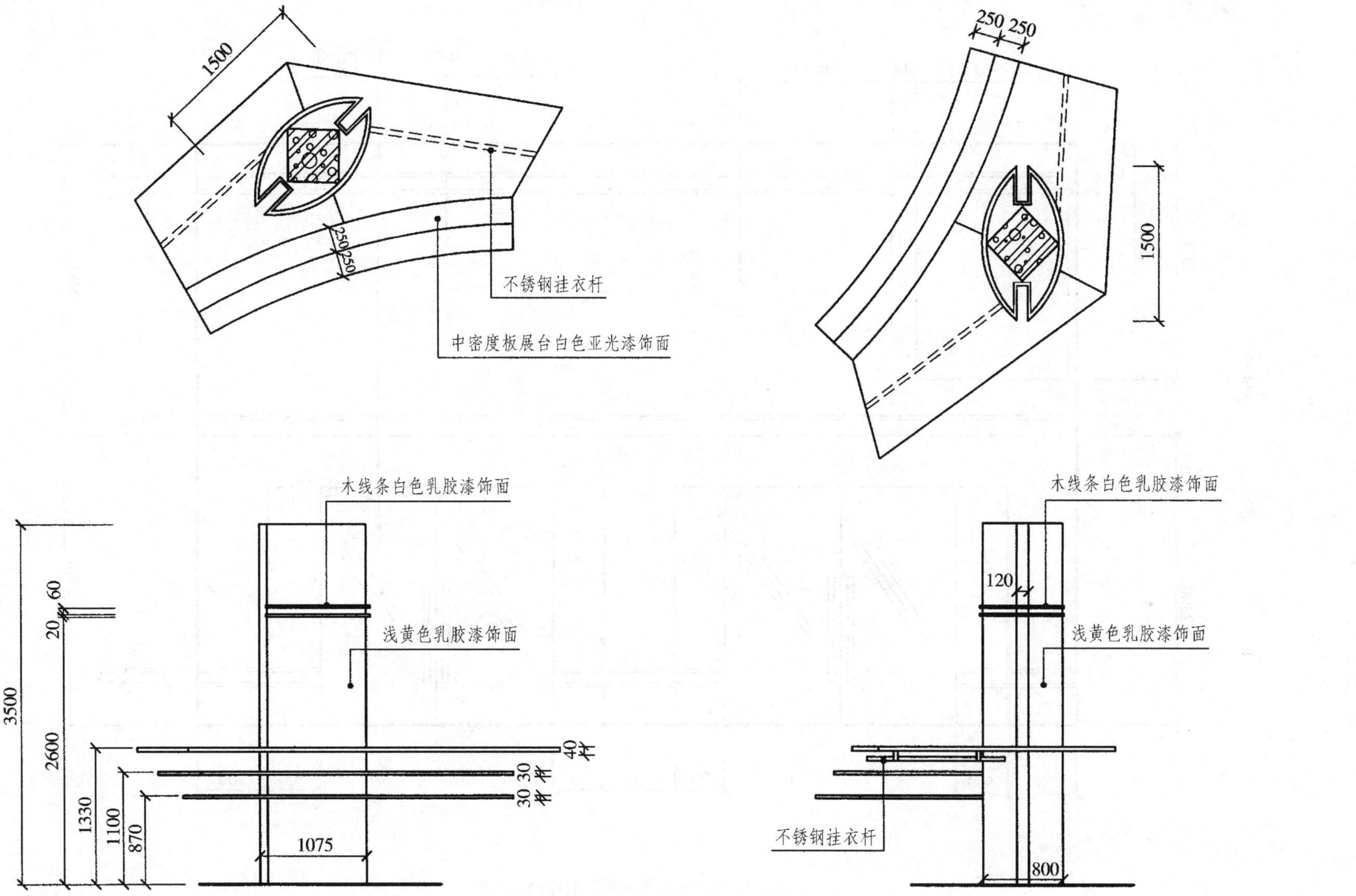

展示台立面图 1:60

制 图		图 纸 内 容	立柱展示台立面图	图 号	06
描 图				比 例	1:60
校 对				日 期	2004. 10

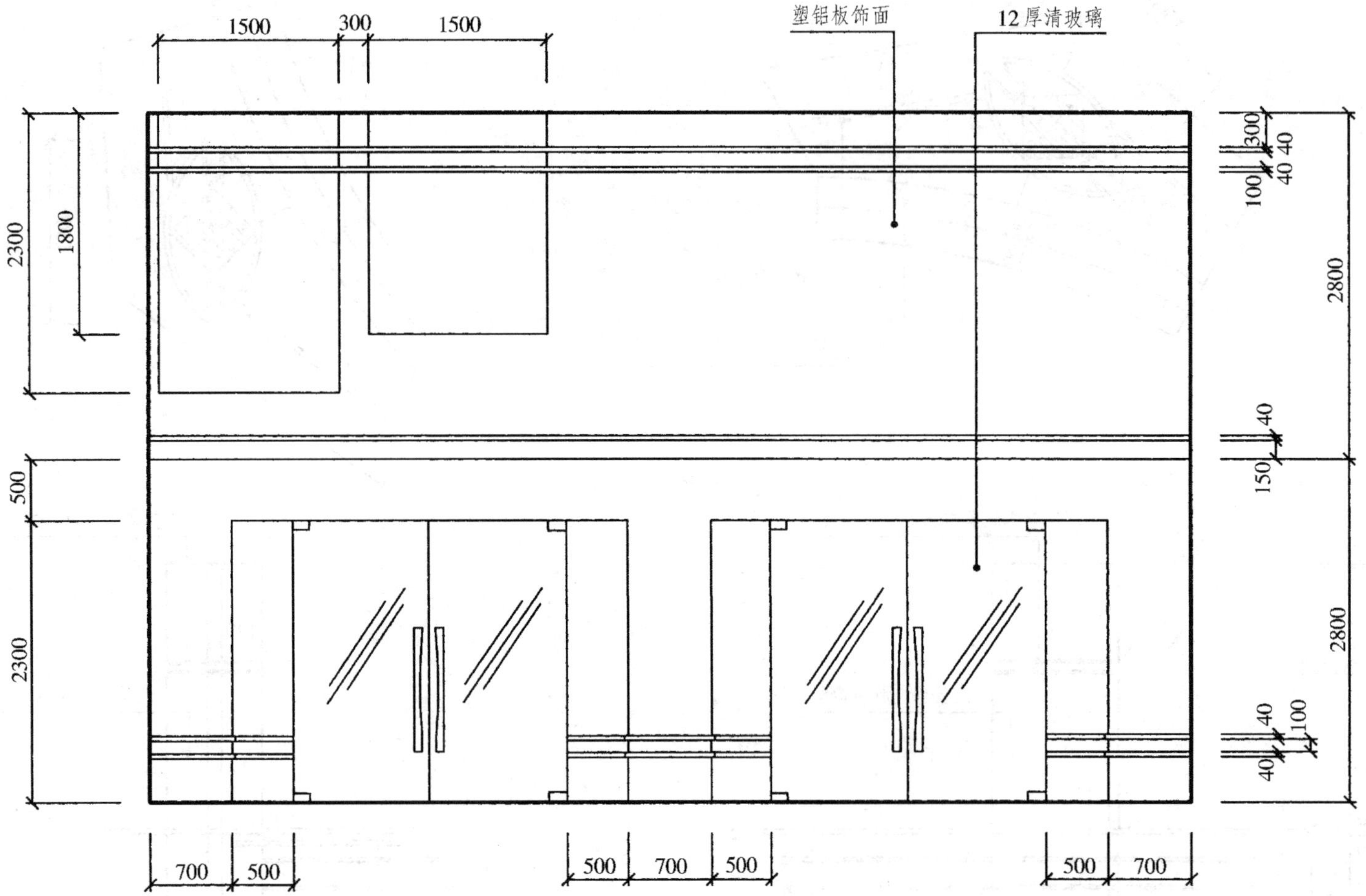

店面图 1:60

制 图		图 纸 内 容	服装专卖店店面设计	图 号	07
描 图				比 例	1:60
校 对				日 期	2004. 10

 班级 姓名

94. 完成正方形网格的透视图，并在透视图中向后、后右各延长一等大网格。

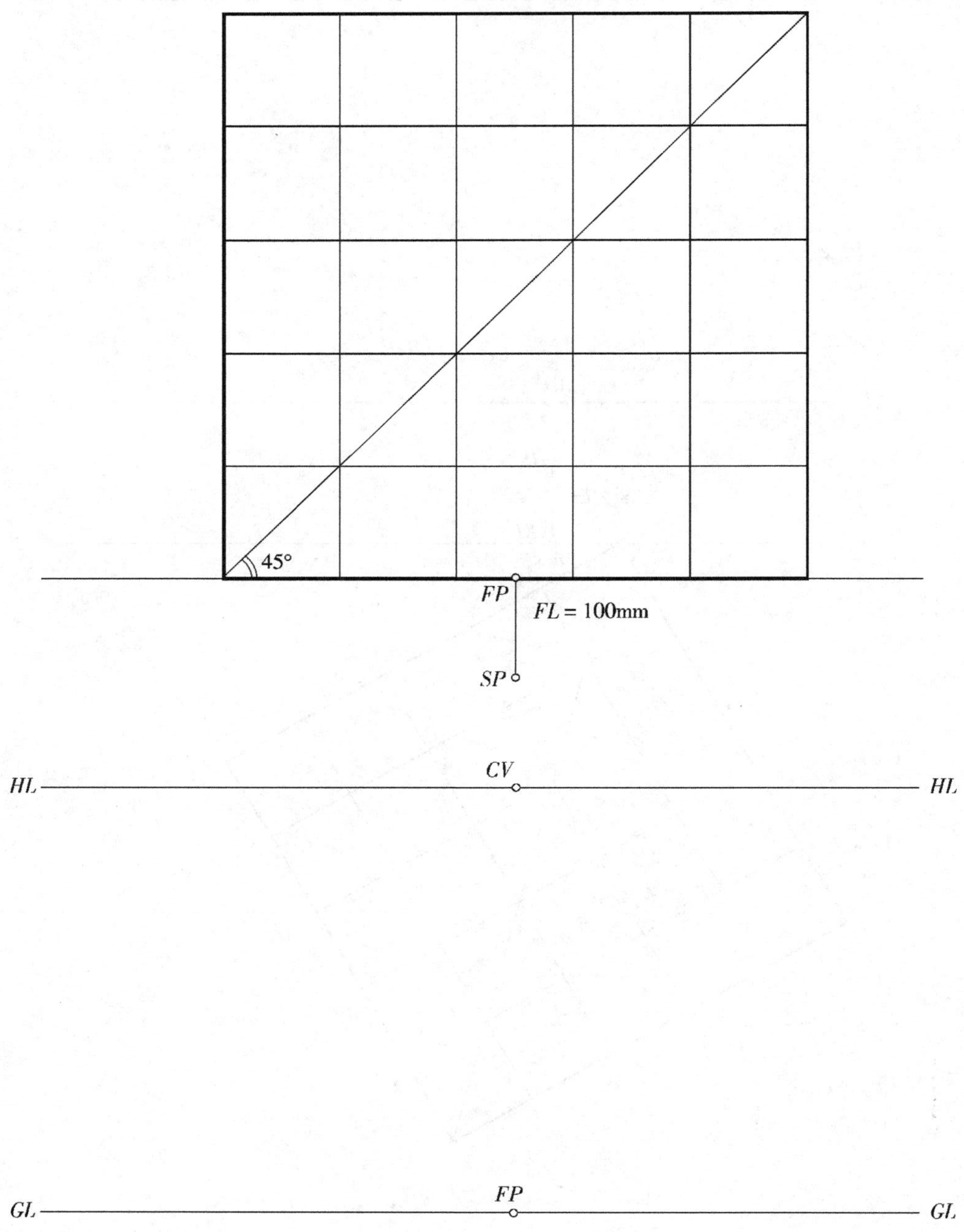

95. 完成正方形网格的透视图，并在透视图中沿 M 及 N 方向各延长一等大网格的透视。

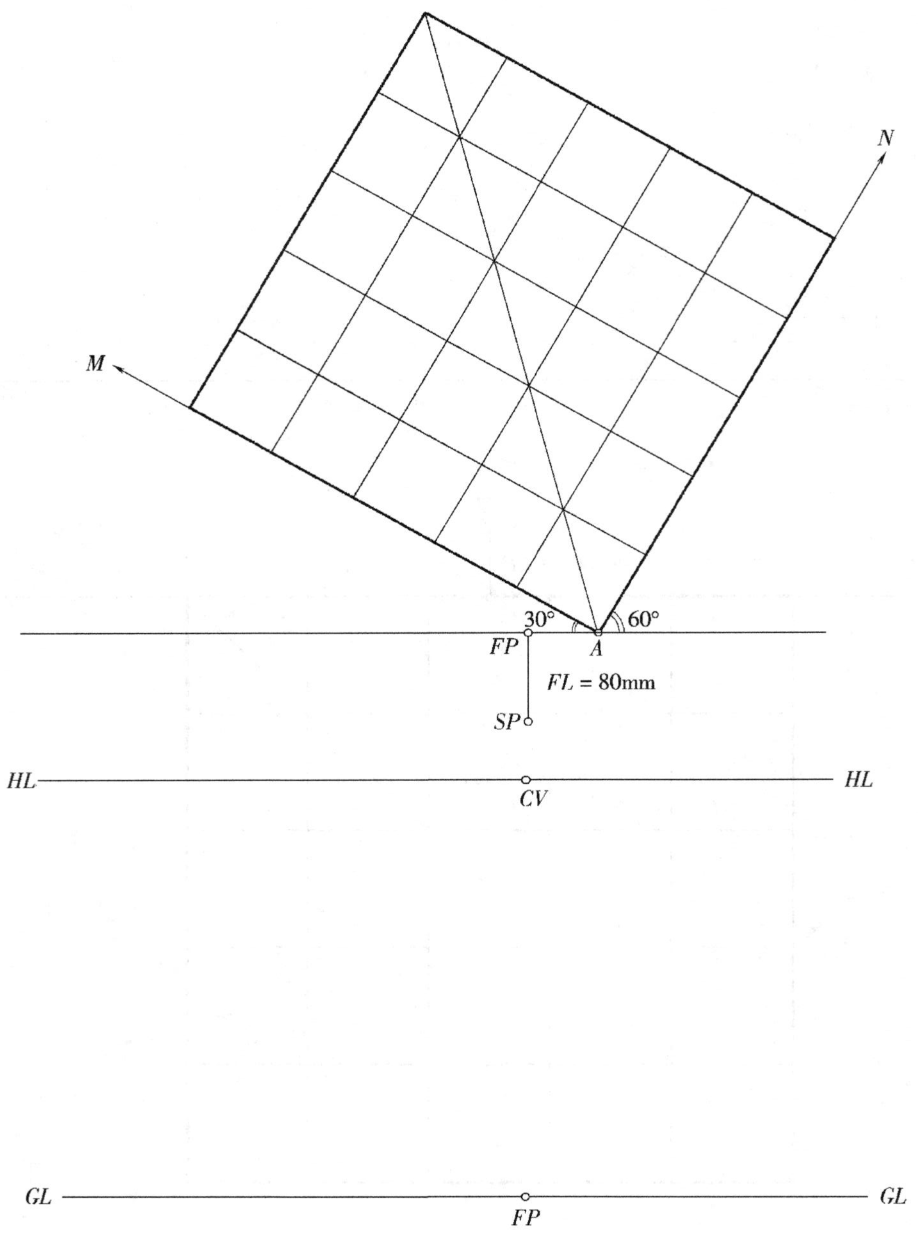

班级

姓名

96. 按已知条件完成透视图。

（1）地面上 A、B、C、D 点各站一人，高度相同，试完成其透视图。

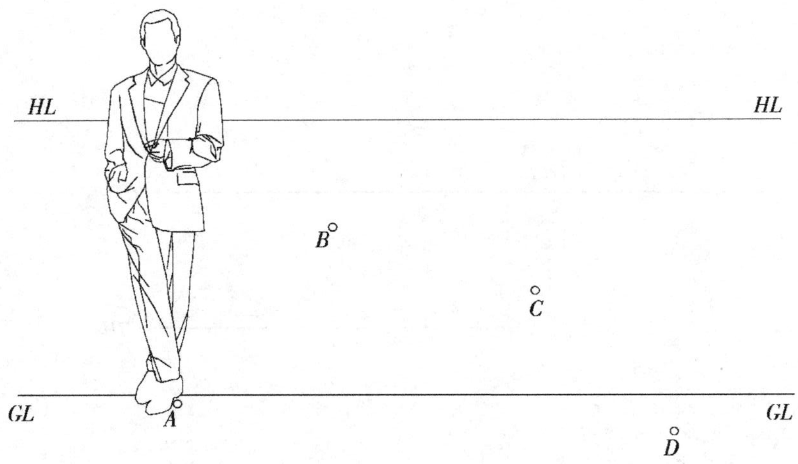

（2）已知沙发椅的透视平面图及坐垫、扶手和靠背的高度依次为01、02和03，试完成其透视图。

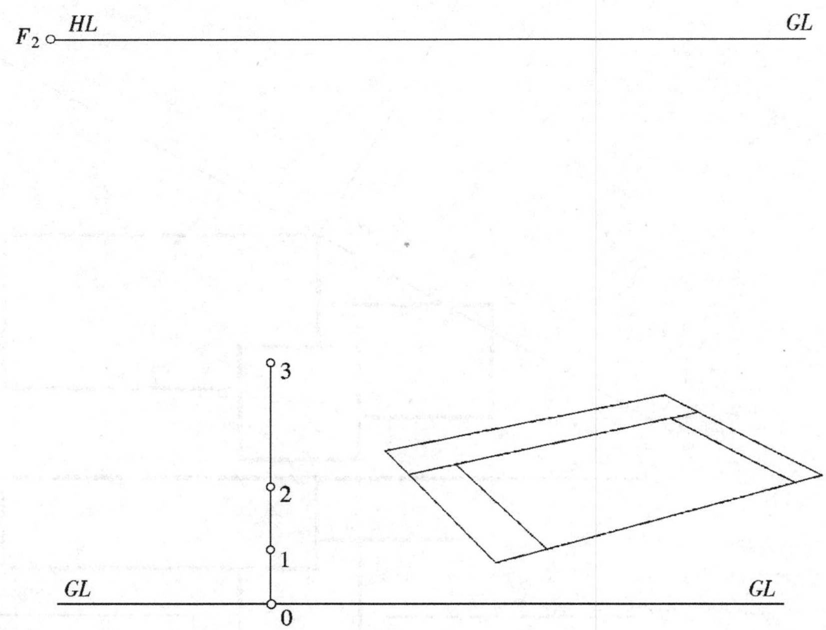

（3）A、B、C 为地面上的三点。已知 A 处树高为3m，试在 B 处画一棵4m高的树，在 C 处画一棵5m高的树。

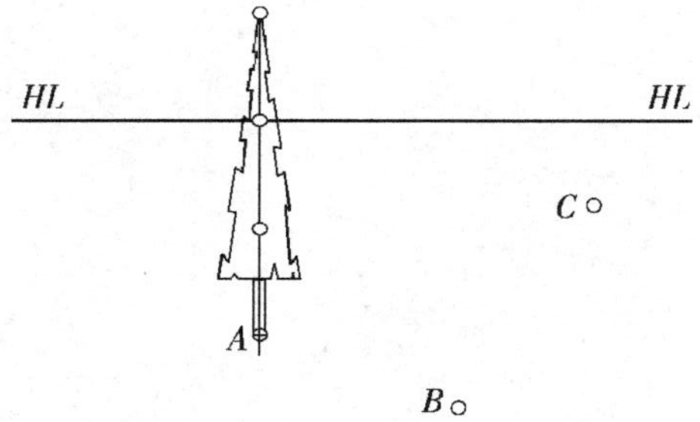

97. 作建筑形体的两点透视图。

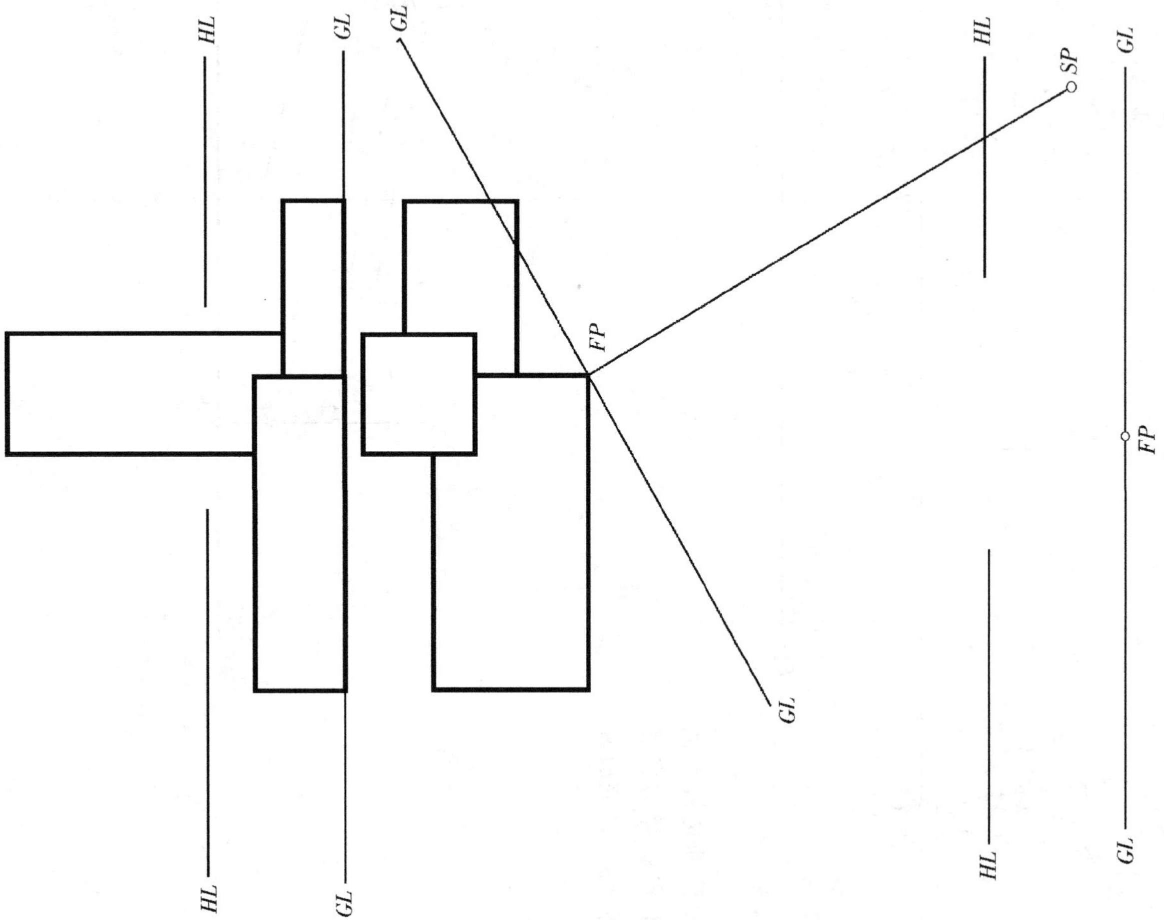

班级 姓名

98. 按所给条件作建筑物的两点透视图。

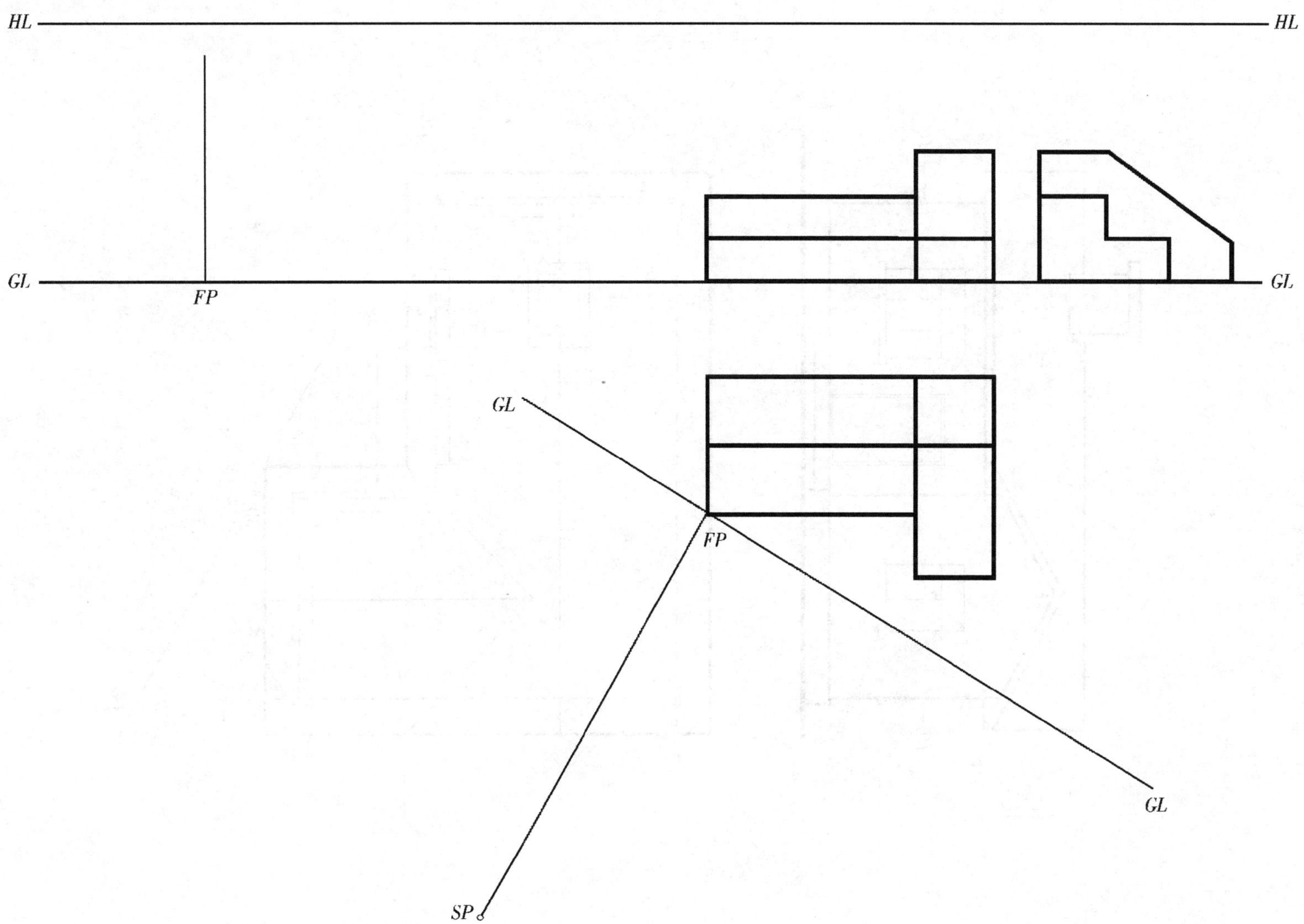

99. 用量点法降下基面并放大一倍作出该房屋的透视图（注意分角线灭点的利用）。

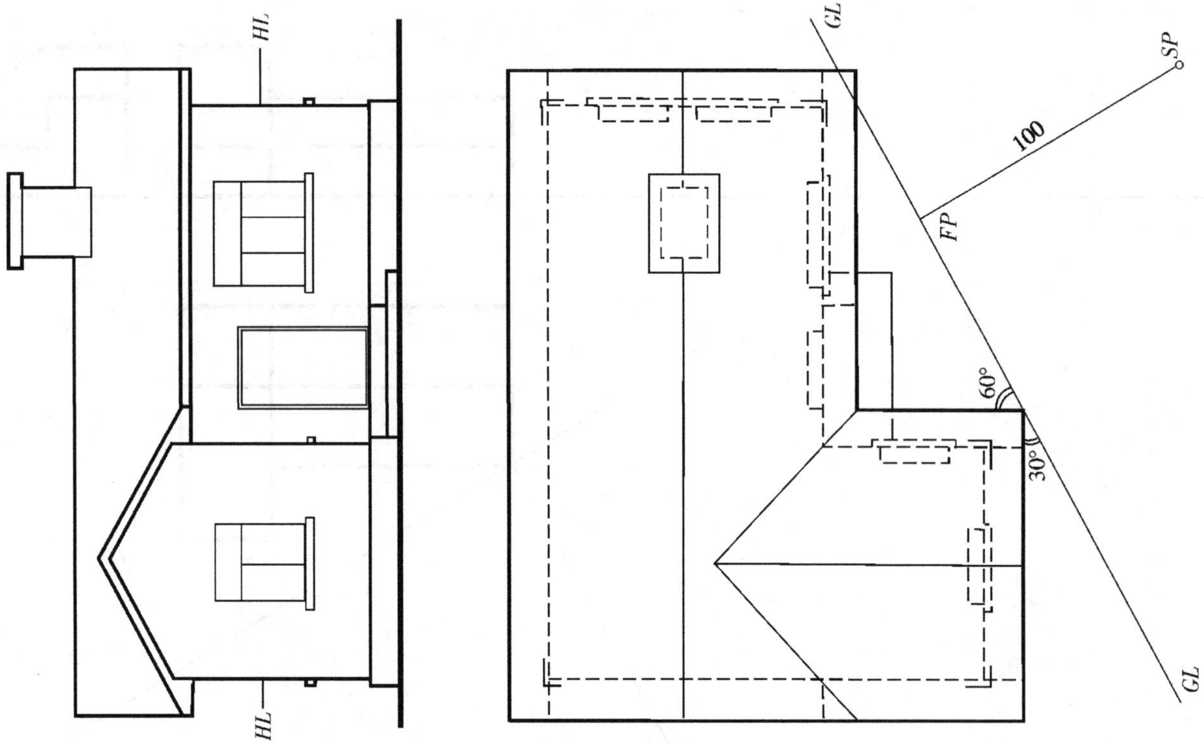

100. 绘制平面图形。

（1）尺寸从图中量取。

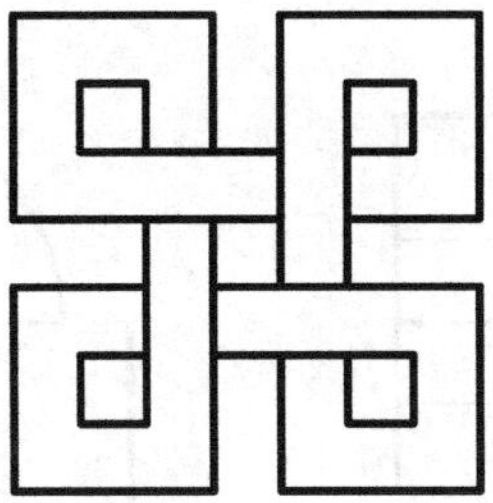

（2）尺寸从图中量取。

（3）尺寸从图中量取。

（4）按图示尺寸完成吊钩图案。

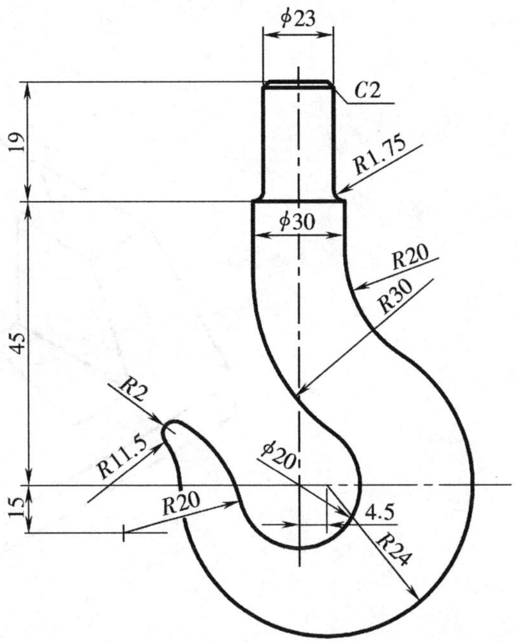

（5）按图示尺寸完成槽轮图形。

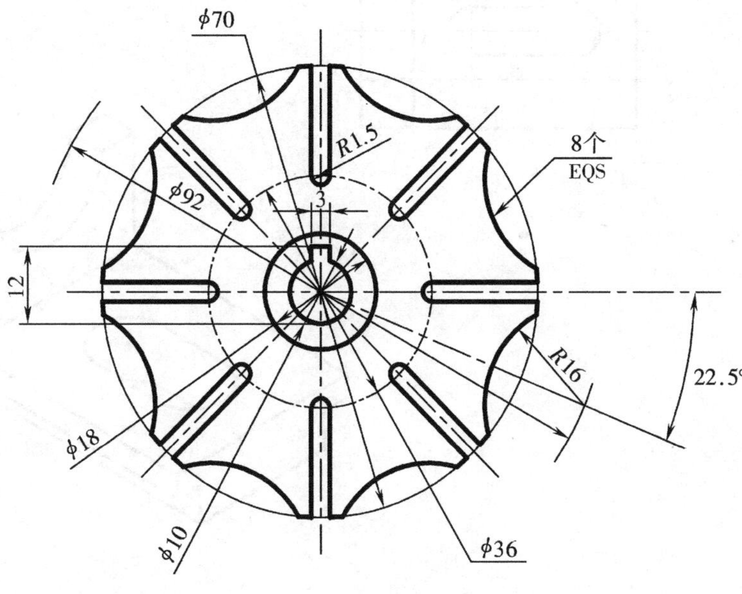

101. 用栅格法补画物体的第三个视图。

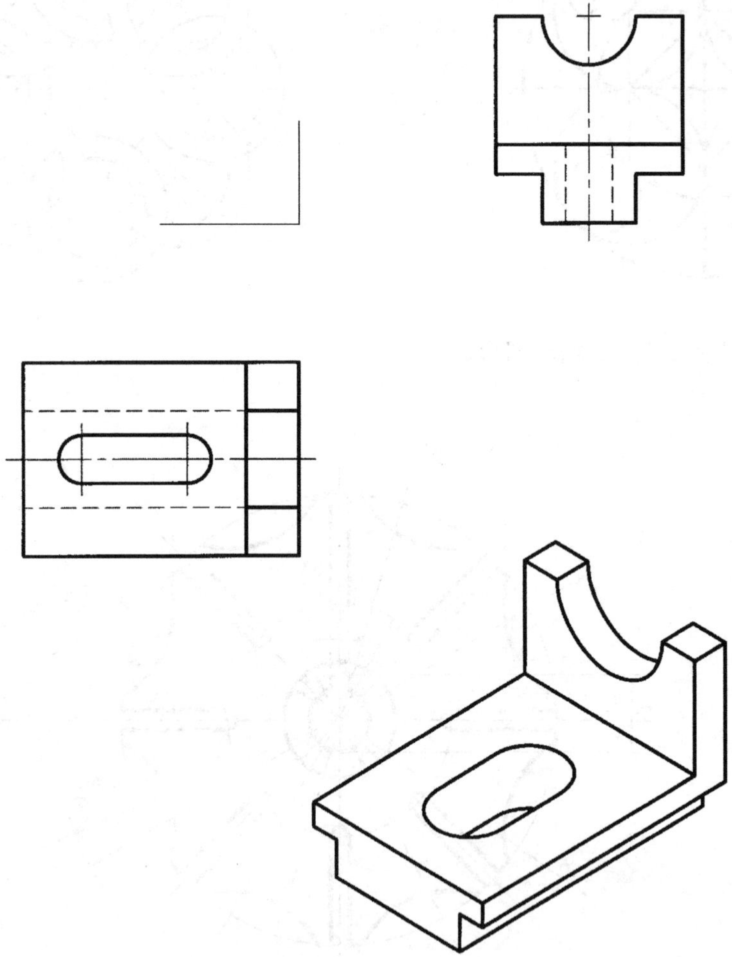

102. 用辅助线法补画物体的第三个视图。

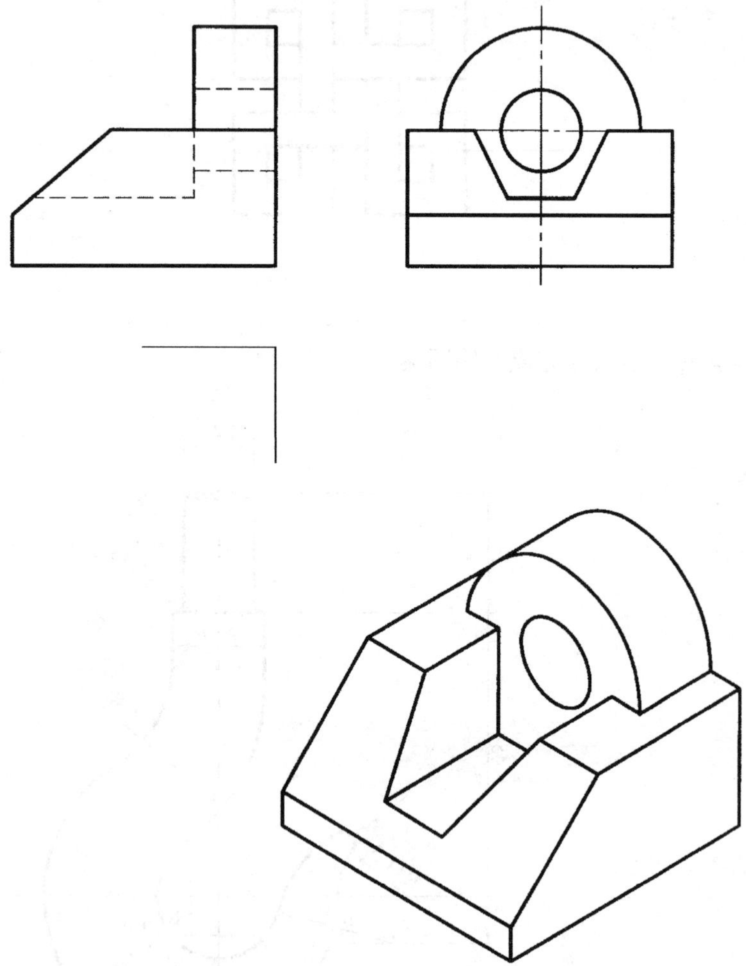

103. 建立物体的实体模型，提取三视图（尺寸由立体图量取）。

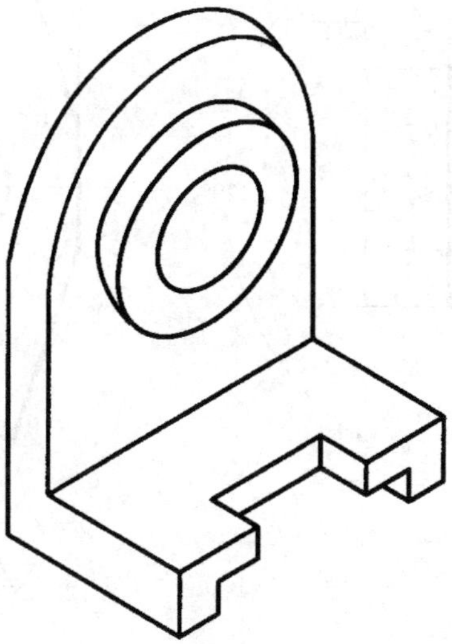

104. 采用一组合适的视图表达立体图所示的物体。

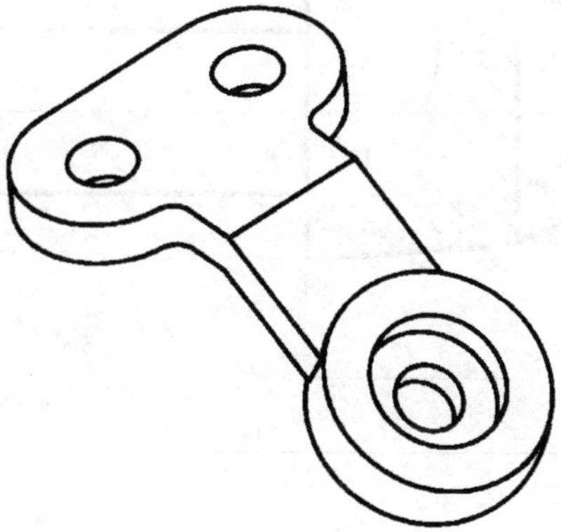

班级 姓名

105. 抄画零件图。

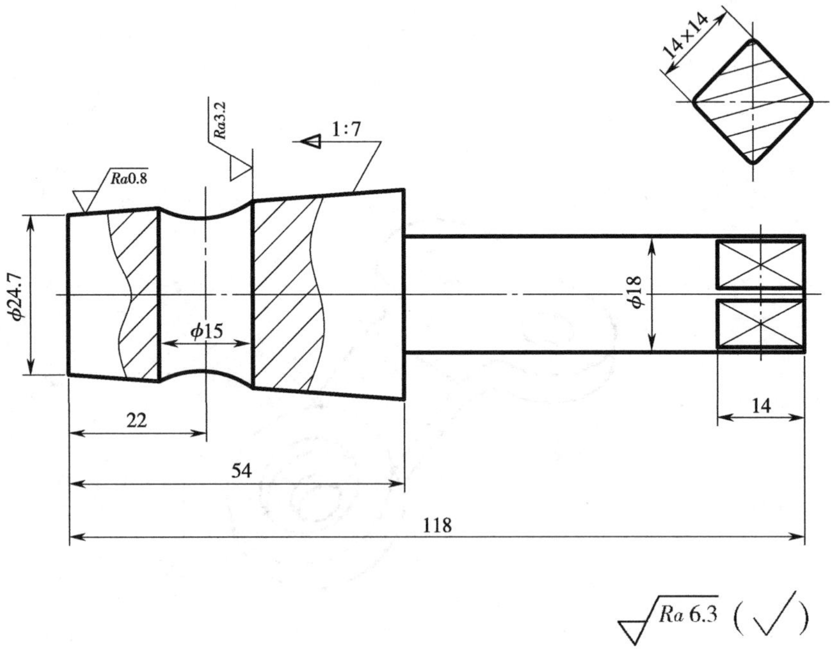

阀　杆	比例	件数	材　料
	1:1	1	45

106. 抄画零件图。

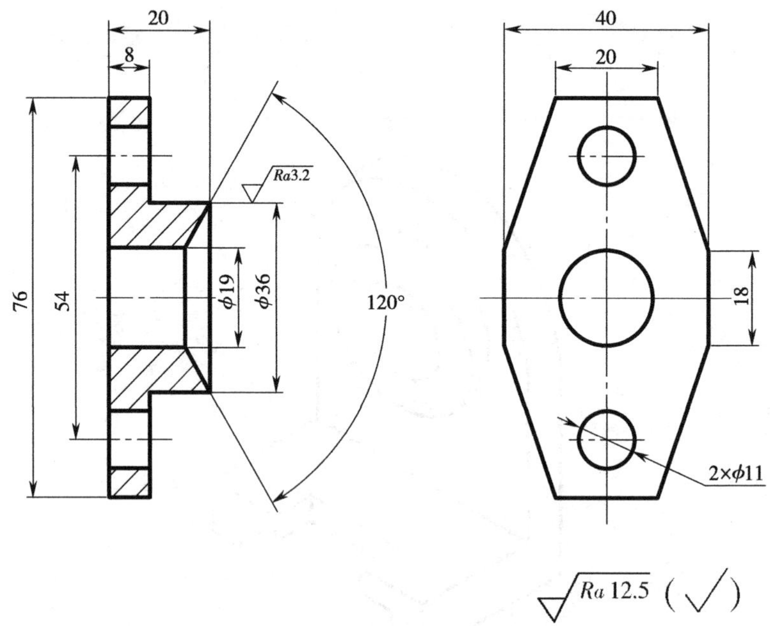

填料压盖	比例	件数	材　料
	1:1	1	Q235F

班级　　　　姓名

107. 抄画零件图。

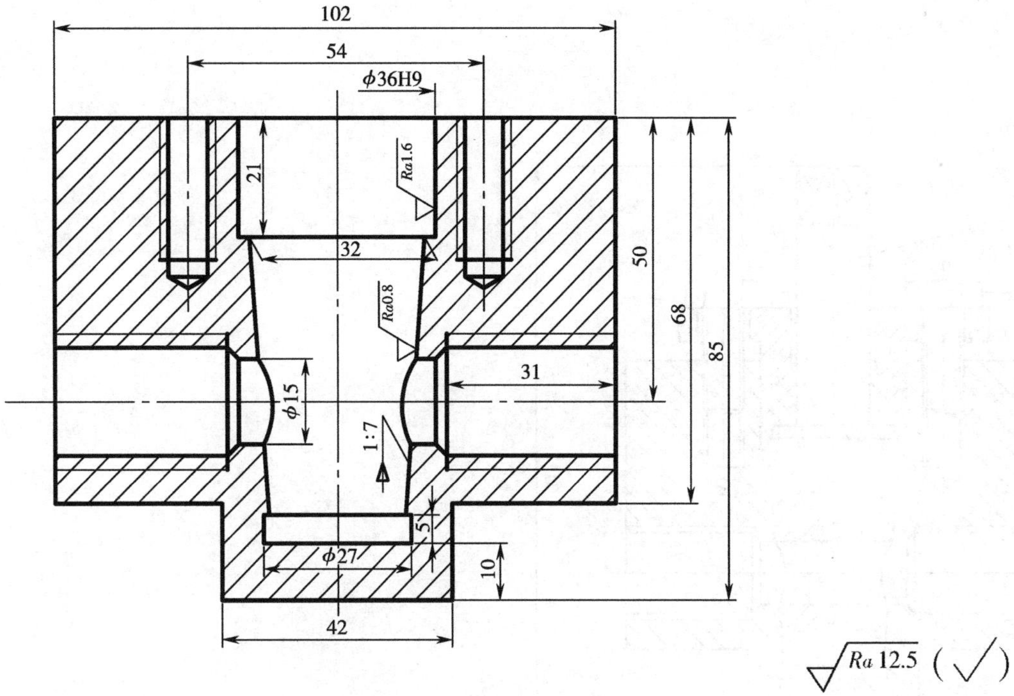

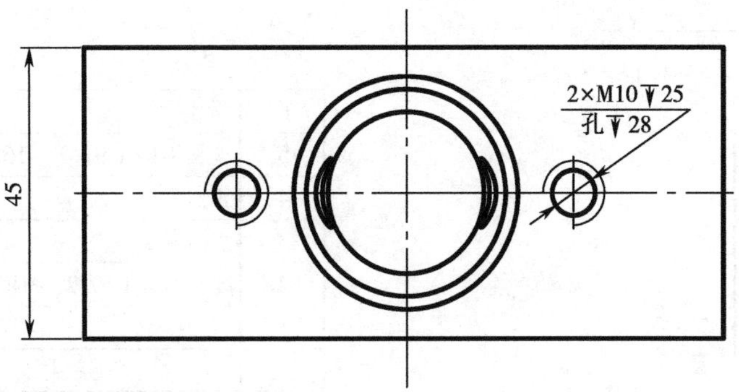

技 术 要 求

未注圆角 $R2 \sim R3$。

阀 体	比例	件数	材 料
	1:1	1	HT300

班级　　姓名

108. 将已绘制的 105、106、107 题零件图组装成截止阀装配图，并注写装配图相关内容。

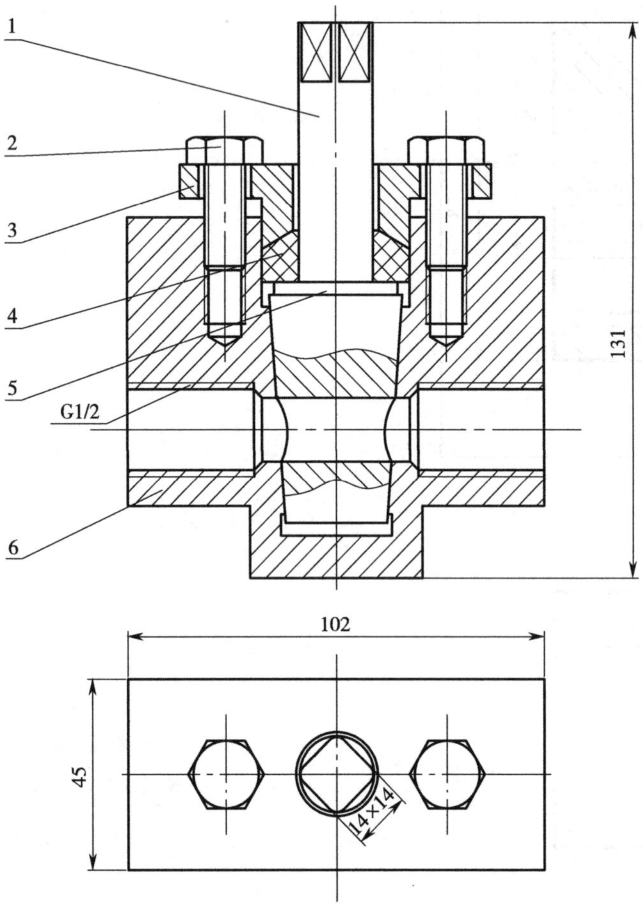

6	阀体	1	HT300	
5	垫圈 GB/T 97.1　16	1	Q235A	
4	填料		石棉绳	
3	填料压盖	1	Q235A	
2	螺栓 GB/T 5782　M10×25	2	Q235A	
1	阀杆	1	45	
序号	名　称	数量	材　料	备　注

截　止　阀		比例		
		件数		
制图		重量		共　张　第　张
描图				
审核				

109. 由物体的视图画出正等轴测图。

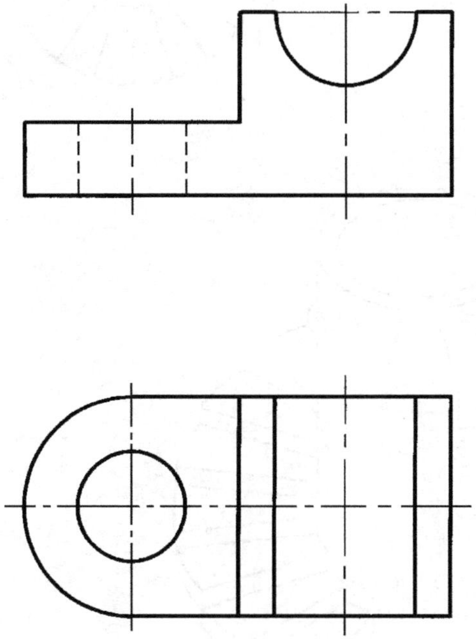

110. 根据图示尺寸，画出物体的立体图。

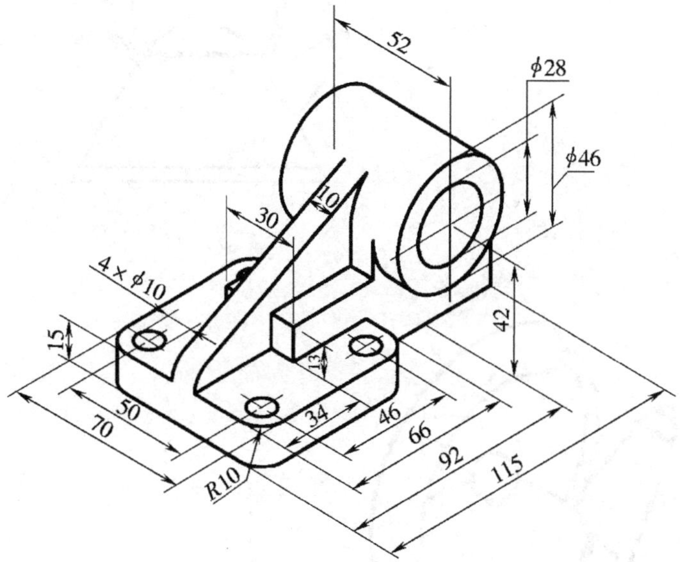

班级

姓名

111. 根据所学的三维绘图命令制作下面的三维立体模型(尺寸自定)。

112. 绘制下面所示楼梯（比例 1:20）。

已知：楼梯踏步高 100，踏步数为 20，楼梯外缘直径为 2400，内缘直径 1000，中央柱内径 800（单位：mm）。

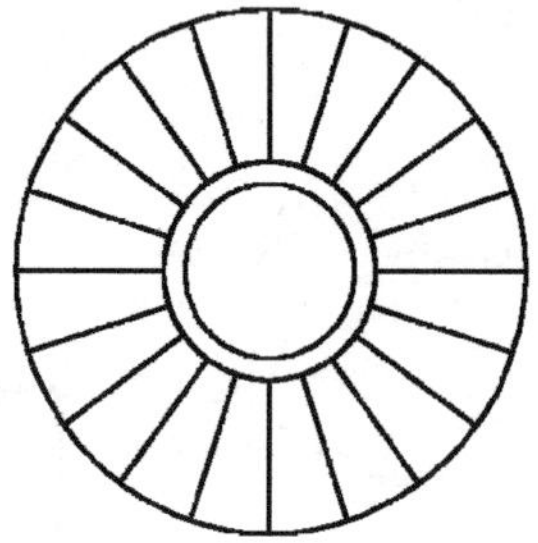

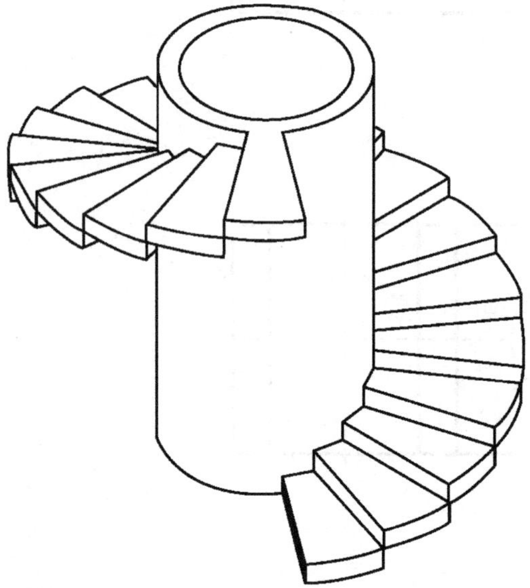

113. 建筑图形的绘制及编辑。

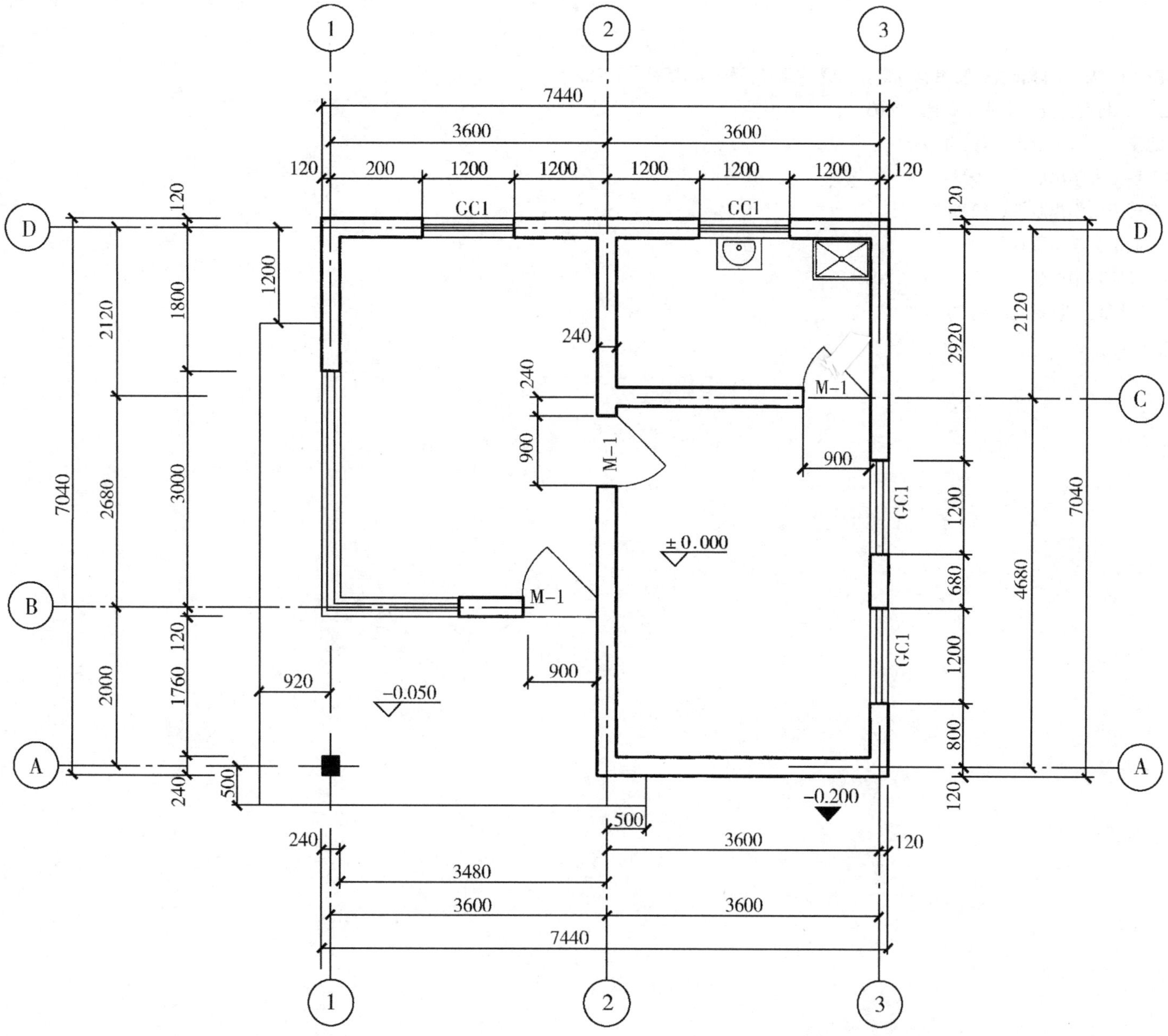

一、目的

1. 熟悉并掌握图层及线型的设置和操作。
2. 熟悉并掌握尺寸标注的操作方法。
3. 掌握文字的注写。
4. 熟悉建筑平面图的绘制步骤和方法。
5. 熟悉绘图软件模型库及模型调用方法。

二、工作步骤

1. 根据左侧图样设置图层。
2. 用所设置的图层，先绘制轴线，再绘制墙体、门窗等的投影。
3. 标注全部线性尺寸。
4. 插入标高符号，注写标高数字。
5. 绘制轴线圆并注写轴线编号。
6. 保存所绘图形（图名为建筑平面图），并复制该图（图名为室内设计施工图）。
7. 打开室内设计施工图，删除不必要的尺寸。插入洗脸盆和污水池，并自由插入其他若干家具陈设。

三、要求及提示

1. 按照左侧图样及制图标准规定的线型，用所设图层的线型绘制建筑平面图，比例为1:100。
2. 插入洗脸盆、污水池及其他家具陈设时，可在插入时调整比例，也可在插入后用 Scale 命令进行缩放。
3. 标注尺寸前，应设置尺寸标注式样；标注时，可利用辅助绘图工具准确定位。
4. 标注尺寸轴线时，可先画一个直径为 8mm 的圆，然后多次用 copy 命令和辅助绘图工具进行复制。
5. 绘图结束后，用 save 命令保存所绘图形。

参 考 文 献

[1] 定松修三，定松润子. 图解设计表示图法入门［M］. 陆化普，史其信，陈娟，译. 北京：科学出版社，1998.
[2] 聂桂平. 现代设计图学基本训练［M］. 2 版. 北京：机械工业出版社，2005.
[3] 聂桂平，等. 工业设计表现技法［M］. 北京：机械工业出版社，1998.
[4] 董国耀，等. 机械制图［M］. 北京：北京理工大学出版社，1998.
[5] 盛谷我，等. 工程制图［M］. 上海：华东理工大学出版社，1998.
[6] 谢步瀛，等. 土木工程制图［M］. 上海：同济大学出版社，2004.
[7] 霍维国，等. 室内设计工程图画法［M］. 北京：中国建筑工业出版社，2001.
[8] 段其骏，等. 设计图学习题集［M］. 2 版. 北京：机械工业出版社，2008.

《现代设计图学基础训练》

第3版

（聂桂平　编著）

读者信息反馈表

尊敬的老师：

您好！感谢您多年来对机械工业出版社的支持和厚爱！为了进一步提高我社教材的出版质量，更好地为我国高等教育发展服务，欢迎您对我社的教材多提宝贵意见和建议。另外，如果您在教学中选用了本书，欢迎您对本书提出修改建议和意见。

一、基本信息

姓名：__________　性别：________　职称：________　职务：______________________

邮编：__________　地址：____

任教课程：__________________　电话：____—_____________（H）_____________（O）

电子邮件：____　手机：_________________

二、您对本书的意见和建议

（欢迎您指出本书的疏误之处）

三、您对我们的其他意见和建议

请与我们联系：

100037　机械工业出版社·高教分社　刘小慧　收

Tel：010—8837 9712